大学生心理健康与实践

田文丰　编著

东南大学出版社
SOUTHEAST UNIVERSITY PRESS
南京

内容提要

本书是一本针对大学生心理健康问题的指导性书籍。书中涵盖了心理健康的多个方面,包括心理健康的概念、标准、重要性,以及大学生在自我意识、学习心理、情绪管理、人际交往、恋爱与性心理、网络心理、职业规划、心理咨询与心理障碍识别、生命教育与心理危机干预等方面所面临的挑战和应对策略。

本书的特点在于结合了科学性与新颖性,力求概念准确,原理清晰。同时融入了活动内容,增强了互动性和可读性。书中不仅强调理论知识的传授,还注重实践经验的培养,通过案例引导、心理辞海、心灵鸡汤等形式,引导大学生理解和应用所学知识,促进个人成长。

此外,书中还体现了针对性和实用性,将理论知识与实际操作相结合,通过提供互动教学资料和心理体验训练,帮助大学生解决心理困惑,促进其健康成长。虽然本书在编写过程中可能存在一些疏漏,但整体上致力于为大学生提供一本全面、系统的心理健康指导读物。

图书在版编目(CIP)数据

大学生心理健康与实践 / 田文丰编著. — 南京:东南大学出版社,2024.8. — ISBN 978-7-5766-1518-0

Ⅰ. G444

中国国家版本馆 CIP 数据核字第 20244A3B76 号

责任编辑:褚婧　　责任校对:韩小亮　　封面设计:毕真　　责任印制:周荣虎

大学生心理健康与实践

编　　著:田文丰
出版发行:东南大学出版社
出 版 人:白云飞
社　　址:南京市四牌楼2号　邮编:210096　电话:025-83793330
网　　址:http://www.seupress.com
经　　销:全国各地新华书店
排　　版:南京布克文化发展有限公司
印　　刷:南京迅驰彩色印刷有限公司
开　　本:787 mm×1092 mm　1/16
印　　张:14
字　　数:300 千
版 印 次:2024 年 8 月第 1 版第 1 次印刷
书　　号:ISBN 978-7-5766-1518-0
定　　价:42.00 元

本社图书如有印装质量问题,请直接与营销部联系(电话:025-83791830)

前言

健康是人类最珍贵的财富,是人生快乐、幸福、成功的前提。然而,健康并不仅仅意味着身体健康,还要有完整的生理状态、心理状态和社会适应能力。只有身体健康和心理健康统一起来,才是完整的健康。随着人类的发展和社会的进步,人的心理素质需要更加完善。

对于当代大学生来说,每个人都会遇到学习适应、自我认知、情绪情感、人际交往、恋爱交友等方面的人生课题。因此,关注心理健康、追求自我完善、实现人生价值是当代大学生不变的主旋律。随着时代的不断发展,大学生面临的心理负荷越来越沉重,在学校和社会适应中反映出来的心理困惑和问题越来越突出。因此,在高校开展大学生心理健康教育的重要性和紧迫性更加凸显。

全书共十二章,内容涉及"心理健康相关概念""大学生自我意识调适""大学生学习心理辅导""大学生健全人格的塑造""大学生的情绪管理艺术""大学生压力应对与挫折管理""大学生的人际交往与沟通""大学生的恋爱与性心理辅导""大学生网络心理调适""大学生职业规划与发展""大学生心理咨询与心理障碍识别""大学生生命教育与心理危机干预"等内容。

本书在编写上体现出以下特点:

1. 科学性和新颖性。本书以心理学知识为基础,力求概念准确,原理清晰。另外,本书从大学生身边的人物出发,塑造了不同人物的心理特点。通过这些人物案例的形式引导大学生理解所学知识,更加贴近大学生的生活。

2. 可读性和互动性。为了满足大学生的求知欲,每章以模块的方式呈现各部分内容,既遵照教材的常规设置又融入了活动内容,为教师的教学提供了非常丰富的互动教学资料。其中,每章内容大致包括"案例引导""心理辞海""心灵鸡汤""知识延伸"等模块,学生在阅读时思路会更加清晰、明快,具有极强的可读性和互动性。

3. 针对性和实用性。本书强调理论和实践相结合,注重知识讲授的同时,还关注大学生心理体验训练,通过活动协助大学生解决各种心理困惑,促进每个学生的成长。

在本书的编写过程中,编者参阅了不少相关著作、教材、论文等资料,在此一并表示衷心的感谢。

由于编写时间紧迫,编者水平有限,书中不妥和疏漏之处在所难免,恳请广大读者批评指正。

编者

目录

第一章　心理健康导论 ·· 001
　第一节　健康与心理健康概述 ·· 004
　第二节　大学生心理健康的现状与维护 ·· 008

第二章　自我意识 ·· 015
　第一节　自我意识概述 ·· 018
　第二节　大学生自我意识的完善 ··· 024

第三章　学习心理 ·· 033
　第一节　大学生学习概述 ·· 036
　第二节　大学生学习心理辅导 ·· 039

第四章　健全人格 ·· 049
　第一节　人格概述 ·· 052
　第二节　大学生人格问题与调节 ··· 056
　第三节　大学生健全人格的塑造 ··· 062

第五章　情绪管理 ·· 067
　第一节　情绪概述 ·· 070
　第二节　大学生的情绪管理 ··· 075

第六章　压力应对与挫折管理 ·· 085
　第一节　大学生压力应对 ·· 088

第二节　大学生挫折管理 ··· 093

第七章　人际交往 ··· 103
第一节　认识人际交往 ··· 106
第二节　大学生人际交往技巧 ··· 110

第八章　恋爱与性心理辅导 ······································· 121
第一节　大学生恋爱心理 ·· 124
第二节　大学生性心理与性健康 ···································· 133

第九章　网络心理调适 ··· 143
第一节　认识网络 ·· 146
第二节　大学生网络心理 ··· 151

第十章　大学生职业规划 ·· 161
第一节　职业规划概述 ··· 164
第二节　大学生职业规划与发展 ···································· 167

第十一章　心理咨询与心理障碍识别 ························· 175
第一节　大学生心理咨询 ··· 178
第二节　大学生常见的心理障碍与识别 ·························· 184

第十二章　生命教育与心理危机干预 ························· 195
第一节　大学生生命教育 ··· 198
第二节　大学生心理危机的识别与干预 ·························· 204

参考文献 ·· 214

第一章

心理健康导论

【引言】

一直以来,健康都是人类十分关注的问题,健康是每个人成长和实现幸福生活的基础,是人生最宝贵的财富之一。拥有了健康,才能更好地向成功的目的地前进,才能最大限度地实现自己的价值。但是,健康并不仅仅意味着身体健康,更为重要的是心理健康。随着时代的不断发展和生活压力的加大,很多人或多或少地出现了一些心理问题,尤其是涉世未深且又面临多重压力的大学生。那么该如何解决这些问题呢?本章学习目标如下:

(1) 对心理健康的相关概念有清楚的认识,让大学生意识到心理健康的重要性。

(2) 了解大学生心理健康状况,分析其目前存在的心理问题,并在此基础上,采取有效的方法维护大学生的心理健康,使大学生能够更好地成长。

【案例引导】

程佳的"胃痛"

程佳进入大学不久,就经常性地感到胃痛,她去医院检查过几次,可是都查不出任何问题,医生最后提了一个建议:"你去找心理老师聊一下吧。"听完医生的话,程佳有些不解:我胃痛怎么可能和心理有关系?难道是我心理有问题?带着这些疑问,程佳来到学校的心理健康指导中心。经过与老师的沟通,她才发现,原来胃痛与自己的情绪有关。

程佳觉得很奇怪,她便问老师:"老师,我想不明白为什么我的心理有问题会反映在我的身体上,这个问题是不是很严重?"

老师耐心地解释道:"人的心理状况会直接影响生理状况,只有心情愉悦、心态平稳,身体才会健康。同样,身体健康也会影响心理健康,身体不舒服,心理也会起涟漪。"

老师针对程佳的具体情况,教给她很多放松的办法,有效地帮她消除了不良情绪。不到一个月的时间,程佳的胃就不痛了。

你是否也有与程佳相似的经历?你是如何看待心理健康的?接下来,就让我们一起来学习。

第一节　健康与心理健康概述

这世界除了心理上的失败，实际上并不存在什么失败。

——亨·奥斯汀

一、健康

健康是人类的永恒话题，自古以来，健康便是每个人追求的目标。什么是健康呢？健康的概念并不是一个一成不变的，它会随着时间和人们社会观念的改变而改变，人类对于健康的认识是随着历史的发展而不断完善和丰富的。在远古时代，受制于恶劣的环境和低下的生产力，人们面临的主要问题就是生存问题，健康只是十分模糊的概念，人们认为"身体没有疾病就是健康"。后来随着生产力的不断提高和医学科学的发展，人们对于健康的认识也不断深化，健康有了新的定义。

1948年，世界卫生组织把健康定义为"一种生理、心理和社会适应的完满状态，而不仅仅是没有疾病和虚弱的状态"。这是对健康较为全面、科学、完整、系统的定义。1977年，恩格尔（Engel）在《科学》杂志上发表了一篇著名的论文，他在该论文中提出了一个基本的假设：健康和疾病是生物、心理、社会因素相互作用的结果，即生物-心理-社会模式。这立即在医学和健康领域产生了广泛的影响，导致单纯生物医学模式转向了当代的生物-心理-社会医学模式。也就是说，衡量一个人是否健康必须从生理、心理、社会、行为等方面进行分析，不仅要看他有没有器质性或功能性异常，还要看他有没有主观不适感，有没有社会公认的不健康行为。

【心理辞海】

亚健康

中华中医药学会发布的《亚健康中医临床指南》指出：亚健康是指人体处于健康和疾病之间的一种状态。处于亚健康状态者，不能达到健康的标准，表现为一定时间内的活力降低、功能和适应能力减退的症状，但不符合现代医学有关疾病的临床或亚临床诊断标准。

为了加深人们对健康的认识，世界卫生组织还提出了健康的十条标准。

第一，有充沛的精力，能从容不迫地担负日常工作和生活而不感到疲劳和紧张。
第二，处事乐观，态度积极，勇于承担责任，不论事情大小都不挑剔。
第三，精神饱满，情绪稳定，善于休息，睡眠良好。
第四，能适应外界环境的各种变化，应变能力强。

第五,能够抵抗一般性感冒和传染病。

第六,体重得当,身体匀称,站立时头、肩、臂的位置协调。

第七,眼睛炯炯有神,反应敏捷,眼睑不发炎。

第八,牙齿清洁,无龋齿,无痛感,无出血现象,牙齿和牙龈颜色正常。

第九,头发有光泽,无头屑。

第十,肌肉和皮肤富有弹性,走路轻松协调。

由这十条标准可以看出,健康包括身体和心理两方面的健康,二者相互影响,相辅相成,缺一不可。

1989年,世界卫生组织又提出21世纪健康新概念:"健康不仅仅是身体没有缺陷和疾病,而是身体上、精神上和社会适应上的完好状态。"这一新概念表明21世纪人类的健康是生理的、心理的、社会适应与道德健康的完美整合。

【课堂活动】

以"健康"为起始点,请分享你联想到的10个不同的词语。

1. _____ 2. _____ 3. _____ 4. _____ 5. _____
6. _____ 7. _____ 8. _____ 9. _____ 10. _____

以小组为单位,重新审度上述词语,分析它们的内在关系,并在小组内分享你的见解。

我的分析:

现在世界卫生组织想邀请你参加关于健康新标准的讨论会。结合你对"健康"问题的思考,你会提出哪些意见和建议?请在小组内分享你的观点。

我的建议:

二、心理健康

心理健康的概念是从国外引入的,对于今天的人们来说,它已不再是一个陌生的词汇,而是已经走入普通百姓的日常生活,成为越来越多人关注的话题。

心理健康是指一种生活适应良好的状态,其主要包括两层含义:一是无心理疾病,这是心理健康最基本的条件,心理疾病包括各种心理与行为异常的情形;二是具有一种积极发展的心理状态,即能够维持自己的心理健康,主动减少问题行为和解决心理困扰。也就是说,一个心理健康的个体,在一定社会环境中,具有一种持续良好的心境,其认识活动、情绪反应、意志行动处于一种积极状态,而且具有适当的调控能力,并能充分发挥其身心的潜能。

三、心理健康的标准

关于心理健康的标准,不同学者所持的观点是不同的。并且,随着社会文化和时代的发展和变化,心理健康的标准也在不断地发展和变化。目前,心理健康的标准主要有以下几项。

(一) 智力正常

智力正常是人正常生活最基本的心理条件,是心理健康的主要标准。智力是人的观察力、记忆力、想象力、思考力和操作能力的综合。常用智力测验来诊断智力发展水平。一般认为智商低于70分为智力落后,智商在80分以上为心理健康的标准。

(二) 人际关系和谐

人际关系对人的心理健康有很大的影响。人际关系包括正向积极的关系和负向消极的关系。心理健康的人乐于与人交往,不仅能接受自我,也能接受他人、悦纳他人,能认可别人存在的重要性和作用。心理健康的人能为他人所理解,为他人和集体所接受,能与他人相互沟通和交往,人际关系协调和谐。

【心理辞海】

同理心

同理心(empathy)是一个心理学概念,最早由人本主义心理学大师卡尔·罗杰斯提出。所谓同理心,就是在人际交往过程中,能够体会他人的情绪和想法、理解他人的立场和感受并站在他人的角度思考和处理问题的能力。

(三) 心理与行为符合年龄特征

在生命发展的不同年龄阶段,人们都有相对应的不同心理与行为表现,从而形成不同年龄阶段独特的心理与行为模式。心理健康的人应具有与同年龄段大多数人一样的心理与行为特征。如果一个人的心理与行为表现与同年龄阶段的其他人相比存在明显的差异,一般就是心理不健康的表现。

(四) 了解自我,悦纳自我

一个心理健康的人能体验到自己存在的价值,既能了解自己,又能接受自己,具有自知之明,即对自己的能力、性格、情绪都能恰当、客观地评价,对自己不会提出苛刻的期望与要求,对自己的生活目标和理想也能定得切合实际,因而对自己总是满意的;同时,努力发展自身潜能,即使是自己有无法补救的缺陷,也能安然处之。

(五)面对和接受现实

心理健康的人能够做到:面对现实,接受现实,并能够主动地适应现实,进一步改造现实,而不是逃避现实;对周围事物和环境能做出客观认识和评价,并能与现实环境保持良好的接触;既有高于现实的理想,又不会沉湎于不切实际的幻想与奢望;对自己的能力有充分的信心,对生活、学习、工作中的各种困难和挑战都能妥善处理。

(六)能协调与控制情绪,心境良好

心理健康的人愉快、乐观、开朗、满意等积极情绪占据优势,虽然也会有悲、忧、愁、怒等消极的情绪体验,但一般不会长久。心理健康的人能适当地表达、控制自己的情绪,喜不狂,忧不绝,胜不骄,败不馁;在社会交往中既不妄自尊大,也不畏缩恐惧;对于无法得到的东西不过于贪求,会争取在社会规范允许范围内满足自己的各种要求,对于自己能得到的一切感到满意。

【心灵鸡汤】

用"钉子"来控制情绪

有一个男孩有着很坏的脾气,于是他的父亲就给了他一袋钉子,并且告诉他,每当他发脾气的时候就钉一根钉子在后院的围篱上。

第一天,这个男孩钉下了37根钉子。慢慢地,他每天钉下的数量减少了。他发现控制自己的脾气要比钉下那些钉子来得容易些。终于有一天,这个男孩再也不会失去耐性乱发脾气,他告诉他的父亲这件事,父亲告诉他,从现在开始,每当他能控制自己的脾气时,就拔出一根钉子。

时间一天天过去了,最后男孩告诉他的父亲,他终于把所有钉子都拔出来了。

父亲握着他的手来到后院说:"你做得很好,我的好孩子。但是看看那些围篱上的洞,这些围篱将永远不能恢复成从前的样子。你生气的时候说的话将像这些钉子一样留下疤痕。如果你拿刀子捅别人一刀,不管你说了多少次对不起,那个伤口都将永远存在。话语的伤痛就像真实的伤痛一样令人无法承受。"

(七)人格完整独立

心理健康的人,其人格,即人的整体精神面貌,能够完整、协调、和谐地表现出来;思考问题的方式是适中和合理的,待人接物能采取恰当灵活的态度,对外界刺激不会有偏颇的情绪和行为反应。

(八) 热爱生活，乐于工作

心理健康的人珍惜和热爱生活，积极投身于生活，在生活中尽情享受人生的乐趣。他们在工作中尽可能地发挥自己的个性和聪明才智，并从工作的成果中获得满足和激励，把工作看作是乐趣而不是负担。他们能把工作过程中积累的各种有用的信息、知识和技能储存起来，便于随时提取使用，以解决可能遇到的新问题，使自己的行为更有效率、工作更有成效。

第二节 大学生心理健康的现状与维护

美国哲学家欧文说："健康是富人的幸福，穷人的财富。"人生要先有健康，才能拥有一切。通过对大学生心理健康的现状进行调查和分析，让大学生意识到心理健康的重要性，并且懂得如何去维护自我身心的健康，从而促使大学生更积极、乐观地成长。

一、大学生心理健康现状

随着现代社会生活节奏的加快，大学生面临着来自生活和学习的双重压力。在这一时期，大学生较容易受到外界环境的影响，同时面临着成长过程中产生的种种心理困惑，导致其身心受到一定的冲击。如果能对自我的身心及社会发展需求有明确的认识，并及时调整，就能使自己处于良好的心理状态之中。若是大学生难以应付这些压力，便会加大心理负担，出现心理问题，甚至会产生自杀行为。最近的调查研究表明，虽然我国大学生的心理健康是主流，但有些状况还是比较令人担忧的。

（一）心理健康不佳者呈上升趋势

据有关统计资料介绍，沈阳某高校对校内3 384名大学生的心理调查显示，41.54%的学生有心理问题，51.54%的学生有偏执倾向。调查中有轻生想法的学生占总数的1.5%。据国家卫生健康委员会、世界卫生组织驻华代表处等机构透露，有16.0%～25.4%的大学生有心理障碍，表现以焦虑不安、恐惧症、神经衰弱、强迫症和抑郁情绪为主。

（二）心理健康问题是造成大学生辍学、自杀的主要原因

北京市16所院校调查分析表明：因心理疾病休学、退学人数分别占因病休学、退学人数的37.9%和64.4%；在因心理疾病休学、退学的学生中，神经症患者分别占76.1%和54.8%，而神经症又以神经衰弱为主。

(三)独生子女大学生心理障碍突出

据天津市有关院校调查,天津高校的独生子女数量大约占大学生总数的51%,近年来出现轻微和重度心理问题的人越来越多,其中因恋爱双方同是独生子女互不体谅对方,导致恋爱失败使学业受到影响,引发自杀倾向的,占有自杀动机人群的90%以上。

(四)神经症是主要的精神疾病,而重性精神疾病危害更大

重性精神病虽然比例不高,但后果是十分严重的。国内学者调查显示,在我国高校中,重性精神病占45.2%。比如:清华大学因精神分裂症而自杀的占自杀总人数的60%;中国人民大学因患精神分裂症死亡的占学生死亡总数的33.3%。

通过以上数据分析和实地调查可见,我国大学生的健康和发展正面临着严峻挑战。

二、大学生的主要心理问题

相关调查表明,大学生已成为心理弱势群体,心理处于不健康或亚健康状态的学生约占50%。就现状看,大学生的精神问题主要表现在自闭、抑郁、焦虑、偏执、强迫、精神分裂等方面,其原因大多是学生的心理问题没有得到及时的调适和解决。

(一)交际困难造成心理压力

"踏着铃声进出课堂,宿舍里面不声不响,互联网上诉说衷肠。"这句顺口溜实际上反映了相当一部分大学生的交际现状。现代大学生的交际困难主要表现为不会独立生活,不知道如何与人沟通,不懂得交往技巧与原则。有的同学有自闭倾向,不愿与人交往;有的同学为交际而交际,不惜牺牲原则随波逐流。

导致大学生交际困难的原因之一是目前大学生多为独生子女,从小家庭教育不当造成了一些负面效果,家长的过分包办使独生子女上大学之后缺乏最起码的独立生活及为人处世的能力。

(二)对网络产生过于强烈的依赖性

【案例引导】

秦桑的痴迷

程佳的舍友秦桑,最近上课总是睡觉,下课之后便一个人离开,一直到晚上快关宿舍楼门的时候她才回来,舍友们都很纳闷。有一天,程佳便问秦桑:"你最近忙什么呢?"秦桑没有回答,只是脸色十分憔悴,睡意蒙眬的样子。

程佳又试图和她聊别的话题,秦桑终于忍不住地说道:"佳佳,我可能得病了。"

程佳不解地问道:"为什么这么说?你是哪里不舒服吗?"

秦桑犹豫地说道:"我现在只要不上网就难受,我喜欢看电影、玩炫舞,只要让我待在

网吧,我就开心。我也喜欢和网上的人聊天,和他们聊天,我一点压力都没有,还因此认识了很多朋友。我现在讨厌上课,讨厌现实中的一切。佳佳,我是不是病得很严重?"

程佳安慰地抱了抱她,说道:"没事的,我陪你去看看心理医生,让她来帮你解决这个问题,好吗?"

秦桑红着眼睛点了点头。

不少大学生一方面因交际困难而在网络的虚拟世界里寻找心理满足,另一方面也被网络本身的精彩深深吸引。所以,有些大学生对网络的依赖性越来越强,有的甚至染上了网瘾。就像案例中的秦桑一样,她对网络产生了严重的依赖感,这种依赖感让她活在现实与虚拟世界的挣扎之中。她把大部分时间都花在网络上,沉湎于虚拟世界,自我封闭,与现实生活产生隔阂,不愿与人面对面交往。这也是部分大学生的主要心理表现。

(三)角色转换与适应障碍

大学新生都有角色转换与适应的过程,刚入学的部分大学生会出现各种各样的心理问题,心理学上将这一时期称为"大学新生心理失衡期"。导致新生心理失衡的原因首先是现实中的大学与他们心目中的大学不统一,由此产生心理落差;其次是新生对新的环境、新的人际关系、新的教学模式不适应,产生困惑而造成心理失调;另外,新生作为大学中普通的一员,与其以前在中学里作为佼佼者的感觉大不一样,这也是心理问题的诱因之一。

(四)学习与生活的压力

【案例引导】

宋健的烦恼

程佳的同学宋健,高大帅气,身体十分健康,每天吃饭、睡觉等都基本正常。但是,他每次上课时,注意力总是不自觉地就转移到周围的事物上。比如讲台上放一个水杯,他就会一直注意这个杯子,就算盯着老师,视角的余光也会关注这个水杯,甚至是闭上眼睛都能感觉到杯子的存在。有时候,他的注意力还会集中在老师的衣服纽扣上或者坐在前面同学的头发上等。对于这种情况,宋健一直认为是自己自制力差的原因引起的,可是无论怎么控制都不见好转。长期下来,他的这一习惯不仅没有改变,还扩大到其他地方,严重影响了他的生活,令他十分苦恼。

通过这一案例,可以看出宋健有着明显的强迫症状,一些源自生活或学习上的压力,让他一直处于精神紧张的状态,只不过这种精神状态是隐性的。因此,对于他身上出现的问题,就需要其找到心理症结,然后对症下药,才能使他真正摆脱烦恼。

大学生的学习压力一部分来自所学专业非所爱,这使他们长期处于冲突与痛苦之中;课程负担过重,学习方法有问题,精神长期过度紧张也会带来压力;另外还有参加各类证书考试及考研带来的应试压力等。大学的生活压力主要在于大学生不善于独立生活和为人处世,以及生活贫困造成的心理压力。

三、大学生心理健康的维护

近年来,校园内部极端事件的频发给社会造成了严重的影响,引起人们对高校教育的质疑及对大学生心理健康的广泛关注。大学生的心理健康教育不容忽视,促进大学生的心理健康,需要学校和学生双方共同努力。

(一) 学校方面

1. 优化校园文化环境

校园文化环境是大学生成长的外部条件,它集中体现在校风、学风和班风上。良好的校风、学风、班风会潜移默化地优化学生的心理品质。除日常的教学活动外,学校可举办各类团体活动、各项赛事建设团结友爱的校风,增强学生的群体凝聚力和集体荣誉感,这有利于人与人之间保持和谐的人际关系,促进同学之间相互沟通、相互帮助。

2. 加强心理健康教育

(1) 树立心理健康的教育观念

学校应把心理健康教育渗透到诸多教育之中,并使不同岗位的人在自己的工作范围内明确心理健康教育的要求,从而形成相互影响、相互促进的心理健康教育体系。

(2) 开设心理健康教育课程,定期举办专题讲座

心理健康水平的提高离不开心理卫生知识的掌握。以选修课或必修课的形式,开设心理健康教育课程,是促使大学生健康发展的重要措施。这不仅可以使学生了解自身心理发展、变化的规律与特点,而且对于帮助他们缩短心理适应期、加快人格的成熟、掌握心理保健知识都具有积极的作用。

(3) 利用各种传播媒介广泛宣传,普及心理健康知识

可在校内的各种传播媒介,如校刊、团刊、学院学生会的会刊、大学生电视台、板报、橱窗等,刊载心理健康故事,大力宣传心理健康的意义,广泛介绍心理调节的方法,普及心理健康知识,唤起大学生维护自身心理健康的自觉性。

(二) 大学生自身方面

大学生的心理健康问题,如果只是靠外界因素给予关注,而大学生本身不重视,那无疑是隔靴搔痒,效果自然不明显,因为大学生心理健康的关键点就在于大学生本身要对自身的心理健康问题给予足够的重视。大学生应该从以下几方面完善自我。

【心灵鸡汤】

心中的顽石

阻碍我们去发现、去创造的,仅仅是我们心理上的障碍和思想中的顽石。

从前有一户人家的菜园摆着一块大石头,宽度大约有四十厘米,高度有十厘米。到菜

园的人，不小心就会踢到那一块大石头，结果不是跌倒就是擦伤。

儿子问："爸爸，那块讨厌的石头，为什么不把它挖走？"

爸爸是这么回答的："你说那块石头吗？在你爷爷的时代，它就一直放到那里了。它的体积那么大，不知道要挖到什么时候。没事无聊挖石头，不如走路小心一点，还可以训练你的反应能力。"

过了十几年，这块石头留给了下一代，当时的儿子娶了媳妇，当了爸爸。

有一天儿媳妇气愤地说："爸爸，菜园那块大石头，我越看越不顺眼，改天请人搬走好了。"

爸爸回答说："算了吧，那块大石头很重的，可以搬走的话在我小时候就搬走了，哪会让它留到现在啊！"

儿媳妇心底非常不是滋味，那块大石头不知道让她跌倒多少次了。

有一天早上，儿媳妇带着锄头和一桶水来到菜园，将整桶水倒在大石头的四周。十几分钟以后，儿媳妇用锄头把大石头四周的泥土搅松，以为很大的石头其实并没有想象中那么大，儿媳妇轻松地将它移走了。

想一想：通过这个故事，你从中受到了哪些启示？

1. 树立正确的人生观和世界观

树立正确的人生观、世界观有利于大学生确定积极的人生目标，提高承受压力与挫折的能力，保持积极乐观的精神，并使其懂得生命存在的意义。树立正确的人生观和世界观有助于大学生科学地认识社会，对人生采取适当的态度和行为，并正确体察和分析客观事物，做到冷静而稳妥地处理各种事情。

2. 要有健全的自我意识

一方面，要保持清醒的头脑，对自我有全面的认识。一个人只有对自己有清楚的认知，才能发现自己的优点和不足，与此同时也会发现自己适合做什么、不适合做什么。另一方面，要有容我的胸怀。这包括两点：一是能容得下自己的优点，即容优；二是能容得下自己的缺点，即容缺。只有多角度地审视自我，才不会错估自己的实力。

3. 要树立积极的心态

当一个人快乐时，他的神经处于亢奋状态，做什么事都会有激情，而且会把做事情（如工作、学习等）当作一种享受。试问，在这种情况下事情又怎会做不好呢？当我们以积极的心态去对待别人时，别人反馈给我们的也是一种积极信号；反之，我们的心情只会更加低落。我们经常听到一句话："态度决定一切！"这句话值得我们每一个大学生深思。

4. 要正视现实，适应环境

所谓正视现实，就是应以较为客观、全面、公允的态度对待周围事物，不脱离实际来谈自己的发展。大学生应该把自己放在社会的大环境中来为自己的发展定位，一旦发现自己的需要和愿望与社会规则、集体利益等发生冲突，就要考虑修改自己的计划，以谋求真正有效的发展。

【课后思考】

1. 通过本章的学习,你对健康有什么新认识?
2. 你在生活中是否会有情绪低落的时候?你是如何排解这种情绪的呢?请举例说明。

【心灵书吧】

《心的重建》

作者:露易丝·海、大卫·凯思乐
译者:方月月
出版社:北京联合出版有限责任公司
出版时间:2017年6月
ISBN:9787550291621
开本:32
包装:平装
内容简介:

《心的重建》这本书是世界心理治疗专家、全球心灵导师露易丝·海的新作,全球销量3 000万册,被翻译成29种语言。在这本书中,露易丝·海主要想指导读者在经历失去时如何疗愈自己,让自己积极地生活。这本书通过分享真实精彩的生命故事,教给大家自我肯定的力量和新的思维方式。

【影片有约】

《心灵捕手》

剧情简介:

麻省理工学院的一名数学教授,在公布栏写下一道他觉得十分困难的题目,希望他那些杰出的学生能给出答案,可是无人能解。结果,一个年轻的清洁工威尔在下课打扫时,发现了这道数学题并轻易地解开了这个难题。

威尔聪明绝顶却叛逆不羁,甚至到处打架滋事,曾被少年法庭宣判送进少年观护所。数学教授有心提拔这个个性不羁的天才,要他定期研究数学和接受心理辅导。数学难题难不倒他,但对于心理辅导,威尔却特别抗拒,直至遇到一位事业不太成功的心理辅导专家桑恩教授。在桑恩的努力下,两人由最初的对峙转化成互相启发的友谊,从而使威尔打开心扉,走出了孤独的阴影,实现了自我。

第二章

自我意识

【引言】

每个人的一生,归根结底都是自我认识的过程,认识自己是人生之旅的出发点,也是实现自我价值的基础。一个人只有对自己各方面都有比较明确的了解,才能在环境的适应、个体的发展上获得较满意的结果。所以,正确的自我意识是心理健康的首要条件。人的自我意识也常常受到社会评价的影响。因此,帮助大学生形成正确的自我意识,对大学生心理健康的发展有着尤为重要的意义。本章学习目标如下:

(1) 自我意识的概念、结构及作用。
(2) 认识到自我意识发展过程中的矛盾以及存在的误区,了解良好自我意识的标准,并学会如何培养和完善自我意识。

【案例引导】

孙晴的"痛苦"

程佳的舍友孙晴,来自偏远的山区,家里条件十分艰苦,她从小身体就很不好,但她是一个上进的孩子,凭借自己的努力考上了大学。她本来应该充满希望地开始新的学习和生活,可是入校一段时间后,她却变得悲观失望起来,因为周围的同学很多是来自大城市的,她发现自己与她们相比有很大的差距。比如,孙晴的英语基础比她们差。由于家庭条件的原因,她在家乡没有条件接受英语的听说训练,口语和听力都很差,进入大学后,她的英语学习就比较吃力。除此之外,孙晴觉得自己的见识比她们少,同学们坐在一起经常讨论一些热门的话题,而孙晴对此却一无所知,她没有办法和她们交流。而且她的交际能力也比她们差,她们面对不同的人可以说不同的话,可孙晴的交往方式却十分单一,所以同学们都不愿意和她交往,逐渐地疏远了她,孙晴也因此感到十分孤独。

进入大学后,孙晴接触了许多新的事物,比如电脑、唱歌、打球,她其实很喜欢这些东西,可是自己学起来却不如同学们快。孙晴觉得自己各方面都太差了,并开始怀疑自己读大学的必要性和奋斗的价值,觉得自己没有一点儿信心能过好大学生活,甚至想要放弃,可是想到远在山区整日辛苦的父母,她又十分犹豫,于是陷入了长期的痛苦。

通过这一案例,我们可以看出,孙晴的问题在于她并没有真正地认识自己,她对自我的认识陷入了褊狭,她过于贬低自己,只看到自己的不足,却没有发现自己的优点,从而陷入了痛苦和矛盾的深渊。你在生活中会有类似孙晴的感受吗?你是如何自我调整的?你对自己了解吗?你知道什么是自我意识吗?接下来就让我们一起来学习这些知识。

第一节　自我意识概述

知人者智，自知者明。胜人者有力，自胜者强。

——老子

塞万提斯曾说过："把认识自己作为自己的任务，这是世界上最困难的课题。"大学阶段是大学生确立自我同一性的重要阶段，这个阶段是一个人从青春期向成年期转变的重要阶段，也是一个人的自我意识趋于完善的时期。大学生渴望更深入地了解自己，渴望接纳自己身上的缺点和不足，渴望不断改变自己，期待着摆脱往日的失败而迎来今天的成功。

一、自我意识的概念

自我意识的概念经过了很长时间的发展，很多心理学家都针对这一问题提出了自己的观点。

1890年，詹姆斯在《心理学原理》中把自我意识引入了心理学领域。此后诸多心理学家对这一概念、结构等一系列问题进行了探讨。自弗洛伊德在1923年《自我与本我》一书中提出本我（id）、自我（ego）、超我（superego）人格三结构后，自我意识更是受到了相当多的关注。

【知识延伸】

弗洛伊德的"本我""自我""超我"

弗洛伊德的"本我""自我""超我"源于其人格结构学说，具体内容如下。

本我即原我，是指原始的自己，包含生存所需的基本欲望、冲动和生命力。本我是一切心理能量之源，按"快乐原则"行事。

自我是自己可意识到的执行思考、感觉、判断或记忆的部分，自我的机能是寻求本我冲动得以满足，且同时保护整个机体不受伤害。它遵循的是"现实原则"，为本我服务。

超我是人格结构中代表理想的部分，其机能主要是监督、批判及管束自己的行为。超我的特点是追求完美，要求自我按社会可接受的方式去满足本我。它遵循的是"道德原则"。

【心理辞海】

能动性意识

能动性意识属于自我意识的范畴，是指能意识到自己的精神活动受本人的支配和控制。换言之,人们能清晰地意识到自己在思考什么,喜欢什么或干什么,所有这一切精神活动是在自己的愿望、要求的控制和支配下进行的,并且自己能明确地意识到某些活动是"我"的,而不是别人的。

在自我意识的界定问题上,普遍的观点认为:自我意识是人对自身以及对自己同客观世界的关系的意识,是一种多维度、多层次的心理系统,是人格调控系统的核心。从广义上讲,自我意识是指人对自己的属性、状态、行为、意识活动的认识和体验,以及对自身的情感意志活动和行为进行调节、控制的过程。在康德的哲学体系中,自我意识即先验的统觉的同义语,是指主体意识对于经验材料的综合统一功能。在黑格尔的哲学体系中,自我意识则被视为人类精神在主观精神发展阶段上处于意识之后、理性之先的特定的意识形式。

从狭义上讲,自我意识是一个人对自己的认识和评价,包括对自己的心理倾向、个性心理特征和心理过程的认识和评价。正是由于人具有自我意识,人才能对自己的思想和行为进行自我控制和调节,使自己形成完整的个性。

二、自我意识的结构

自我意识是人的意识发展的高级阶段和重要特征,它具有复杂的心理结构。

(一) 生理自我、心理自我和社会自我

【案例引导】

王静的自我认知

程佳的朋友王静最近状态不太好,每天上下自习都是自己一个人走,要是在路上碰见了同学,她也只是低头走过,从来都不会打声招呼。

程佳有一天便找到她,问道:"你最近怎么了?是不是发生什么事了?"

王静一开始还说没什么,但后来经不住程佳的劝慰,眼眶发红地说道:"我就是觉得自己好差劲。你看看我现在的样子,脸上长了好多痘痘,又这么胖,同学们都讨厌我,不愿意和我交往,我真的讨厌死这样的自己了,我觉得我这辈子没有什么希望了。"

程佳抱了抱她,开口安慰道:"你不能这么想,你现在只看到自己的不足,却从来没有看到自己的优点,比如你唱歌好听,文章写得好,这些都是别人没有的长处。虽然你现在不满意自己的外表,但这一切都是可以改变的啊,你只要坚持别放弃自己,一切都会好起来的。"

王静看了看程佳:"真的吗?真的都会好起来吗?"

程佳重重地点了点头,两人拥抱在一起开心地笑了。

王静的这种自我认知属于生理自我认知,她对自己的外表无法接受,就出现了自卑的不良认知,使自己陷入痛苦。那么什么是生理自我呢?自我意识的心理结构还包括哪些?让我们一起来了解。

1. 生理自我

生理自我是个体对自己生理属性的意识,包括对自己的身体、体能、容貌以及温饱感、舒适感、病痛等生理方面的意识。生理自我是自我意识的最初形态。如果一个人不能接受生理自我,如嫌自己个子不高、身材不好、脸不漂亮、皮肤太黑,就会对自己不满意而产生自卑心理;如果认为自己容貌姣好、身材标准,就会对自己比较满意而自信满满。

2. 心理自我

心理自我是个体对自己心理活动状态的意识,如对自己的智慧、能力、性格、气质、兴趣、爱好、意志等的认识和体验。如果一个人嫌自己不够聪明、能力差、性格不成熟、不能很好地与人交往、自制力差等,就会对心理自我评价较低,进而否定自己、讨厌自己;如果觉得自己聪明、多才多艺、性格随和、爱好广泛、坚强自制等,就会对心理自我有较高的评价,进而肯定自己、喜欢自己。

3. 社会自我

社会自我是个体对自己所在群体中的地位、作用以及和他人相互关系的认识、评价和体验。如果一个人认为自己不善于交流和沟通,认为周围的人不喜欢自己,就会导致自我封闭,时常感到孤独,这容易影响自身的发展;如果一个人认为自己善于和他人沟通和交流,深受大家的喜爱和欢迎,就会时常体验到自豪、快乐等,并会把这些正能量传递给周围的人。

(二)自我认识、自我体验和自我调节

1. 自我认识

自我认识就是自己对自己的认识,它是自我意识的一部分,能使个人认识到自己的身心特点、自己和他人及自然界的关系等。

自我认识主要涉及"我是一个什么样的人""我为什么是这样的人"等问题。它包括自我感觉、自我观念、自我观察、自我评价、自我批评、自我分析等,比如"我很漂亮""我非常真诚"等都属于自我认识的内容。

【课堂活动】

发现独特的自我

1. 以4~6人为一组开展此活动,这些人可以是同学、朋友,也可以是陌生人。每人准备一张A4白纸、一支笔,大家坐成一圈。

2. 把A4纸对折再对折,在其中一面的右上角写上自己的名字或记号。认真自我观察,写出三条让自己感到自豪的外在特点。再认真自我内省,写出三条令自己感到自豪的性格品质。

感到自豪的外在特点:_____。

感到自豪的性格品质:_____。

3. 写完后把自己的那张 A4 纸折好并传给其他人,请他根据对你的了解写出你给他留下深刻印象的外在特点和性格品质。依次传递 A4 纸,大家互相评价,直到每个人把对其他人的印象写完。注意在写对别人的印象时,不要看他自己的或是其他人的观点。

4. 全部写完后,每个人拿回自己的纸并思考下面的问题。

(1) 在写感到自豪的外在特点和性格品质时,你是很快找到了自己这方面的特点,还是很难找到?

_____
_____
_____

(2) 在做自我观察和自我内省时,你有何感受?

_____
_____
_____

(3) 其他人写的内容与你自己写的一样吗?有哪些方面是一样的?哪些方面不一样?有没有让你感到意外的地方?

_____
_____
_____

(4) 通过这次活动,你对自己有什么新的发现?

_____
_____
_____

2. 自我体验

自我体验属于情绪范畴,是指情绪、情感的体验,它是在自我评价的基础上,个体对评价结果是否符合自己的需要所产生的一种情感体验。

自我体验主要涉及"我是否接受自己""我是否满意自己""我是否悦纳自己"等。它主要表现为某种自我感受,包括自爱、自尊、自信、自骄、自傲、自卑、自怜自弃、羞耻感、责任感、义务感、优越感、挫败感等情绪、情感体验。一般而言,适度的、积极的情绪体验会对自我发展起到积极的推动作用,消极的情绪体验则会阻碍自我的发展。

3. 自我调节

自我调节是在自我评价指导和自我体验推动下,个体对自己心理行为进行自觉和有目的地调节、控制,以达到理想自我的目标的行为。自我调节又包括自立、自强、自主、自制、自我监督、自我教育自我控制等心理成分。其中,自我控制是最集中的调节手段。自我调节主要涉及"我应当成为一个怎样的人""我怎么改变现状来成为理想中的那种人"等问题。

自我认识、自我体验、自我调节,也像意识一样表现为知、情、意的统一,三者紧密联系、有机结合,成为一个人个性中的核心内容。通过自我认识,知道"我是一个怎样的人";通过自我体验,知道"我是否满意自己、接受自己";通过自我调节,特别是自我控制、自我教育,可以解决"我应当成为一个怎样的人"的问题。

(三) 现实自我、投射自我和理想自我

1. 现实自我

现实自我是个体从自己的立场出发对现实中自我的各种特征的意识,包括对自己的身体特点、行为特点、人格特点、角色特点等的意识。比如,认为自己是个优秀的大学生,觉得自己的家庭经济状况比较窘迫,等等。现实自我又称个人自我,纯属个体对自己的看法,是自我概念中最重要的内容。

【知识延伸】

增强自信心的七个小妙招

(1) 经常关注自己的优点和成就。在纸上至少写出五个优点和五项成就。对着这张纸,经常看看、想想。在从事各种活动时,想想自己的优点,并告诉自己曾经有过什么成就。

(2) 多与自信的人接触和来往。"近朱者赤,近墨者黑。"若常和悲观失望的人在一起,你也将会萎靡不振;若经常与胸怀宽广、自信心强的人接触,你一定也会成为这样的人。

(3) 自我心理暗示,不断对自己进行正面心理强化,避免对自己进行负面强化。当你碰到困难时,一定不要放弃,要坚持对自己说"我能行!""我很棒!"等。这是一种很重要的自我正面心理暗示,有利于不断提升自己的自信心。

(4) 树立自信的外部形象。一个人保持整洁、得体的仪表,有利于增强自己的自信心。举止洒脱,行为端正,助人为乐,目不斜视,就会有发自内心的自信。同时,加强锻炼,保持健美的体形,对增强自信也很有帮助。

(5) 保持一定的自豪感。一个人,谦虚是必要的,但不可过度。过分贬低自己,对自信心的培养是极为不利的。人不可有傲气,但不可无傲骨。要相信自己,对自己充满自豪感。

(6) 学会微笑。微笑会增加幸福感,进而也能增强自信心。

(7) 懂得扬长避短。在学习、生活、工作中,要经常抓住机会展现自己的优势,同时注意弥补自己的不足,不断求得进步。这样,你就会提高成功率,也会得到更多的赞扬声。

2. 投射自我

投射自我(或称镜中自我)是个体所认为的他人对自己的看法和评价。比如觉得别人看不起自己或别人认为自己的能力很强等。现实自我和投射自我不一定相同,两者之间可能会有距离。当这个距离相差太大时,个人便会感到别人不理解自己,因而产生隔阂。但是投射自我对于现实自我的形成起着重要的作用,因为人们总是把他人对自己的看法和评价作为重要参考,来形成自我概念。

3. 理想自我

理想自我是个体从自己的立场出发所构建的将要达到的理想标准,它引导个体实现理想中的个人自我。比如,大学毕业后想当医生、企业家、政治家等。理想自我往往和现实自我有一定的差距,当两者之间的距离过大并呈现非调节性关系时,就会导致心理问题的出现。只有当两者之间保持适当的、可调整的距离时,这种理想自我才是符合个人实际的。

总之,自我意识中各个成分之间是相互作用、相互影响的,它们的协调一致、积极互动,是自我意识发展的动力所在。自我意识是个体自主性的体现,人格的塑造自始至终是通过自我导向、自我监督和自我激励来实现的。

三、自我意识的作用

（一）自我意识大大提高了人的认识功能

【心理辞海】

元认知

所谓元认知,就是对认知的认知,具体地说,就是对思维和学习活动的认知和控制。元认知包括元认知知识、元认知体验和元认知控制。例如在教学心理学中常提到"学习如何学习",指的就是这种次认知。元认知的实质是对认知活动的自我意识和自我调节。

人的认识活动,包括感觉、知觉、记忆、想象、思维等,都由于自我意识的存在而更加自觉、更加合理、更加有效。

元认知就是对认知过程的认知。人不仅能对外部世界的对象进行感觉、知觉、记忆、想象和思维,还能对自己的这些认识过程本身进行认知,即对这些过程加以分析、监督和调整。通过对自身认识过程的认知,人就有可能发现原有认识活动的不足,可能选择和运用更好的认知策略,从而使认知活动更加完善、更加有效。

（二）自我意识使人形成丰富的感情世界

自我意识使人们认识到"自我"的独一无二、与众不同,从而逐渐产生"孤独"之感。人们只有体验到自尊的需要,才会产生与自尊相联系的"羞耻感"和"腼腆感"。由于人们发现了自己的内部世界,因此才时常感到"内在"自我和"外在"行为的种种不符或冲突,从而产生"苦闷""彷徨"等新的情感。

（三）自我意识促进了人的意志发展

意志以人确定的行为目的为开端,个体意志力的表现同动机的性质和力量密切相关。社会意义丰富的动机通常比社会意义贫乏的动机更能支持人的意志行为。但社会意义的丰富与否,是要通过行为者的个体意识从主观上加以认定的。

（四）自我意识是道德的必要前提

人的"自我"概念不仅包含现实的自我,还包含理想的自我。由于人不是游离于社会之外的抽象的个体,因此人的自我概念就不能不受到社会规范的制约。社会道德就在个人的自我意识中找到了可以存在的处所,也找到了可以调节、激发个体心理与行为的杠杆。就个体方面来说,一个人的自我意识里包含了道德信念和体验,以及与之相联系的诸如责任、义务、使命、荣誉等价值观念的内容。

第二节　大学生自我意识的完善

【案例引导】

苏琴的郁郁寡欢

程佳的同学苏琴,文静秀气,长相甜美,但总是郁郁寡欢,愁容满面,性格十分孤僻、胆怯、自卑,喜欢独处,很少参加集体活动,总是一个人躲在角落静静地发呆,偶尔抬起头看看大家玩游戏、玩耍。在上课的时候,苏秦也总是一个躲在角落里,很少主动发言,害怕老师提问,更怕与师生交流,不敢正视别人的眼睛。

回到宿舍,她也不与室友说话,做什么事都怯怯懦懦。但是苏琴上课从来不迟到、不旷课,老师布置的作业都按时完成,然而学习成绩还是很差。程佳和老师都想帮助她,想方设法让她融入大家,让她参与到集体活动中,但是效果并不明显。

后来经了解才知道,她父亲重男轻女,自从她记事起,父亲常因她是女孩而打骂其母亲,所以她在家里很谨慎,生怕做错事惹父亲不高兴而伤害母亲,同时她也一直都认为自己是一个多余的人。

假设你是苏琴的朋友,你该如何帮助她呢?你认为她对自己的认识准确吗?你又是如何看待自己的?

一、大学生自我意识发展的矛盾

(一) 主观我与客观我的矛盾

大学生对自我有较高的积极评价。然而,他们由于在校园浓郁的学术与文化氛围中学习成长,缺乏社会经验,缺乏对社会的了解。另外,随着高等教育大众化进程的推进,适龄青年接受高等教育机会的增加,社会对大学生的评价更趋客观。大学生回归本位,身上光环的消失使他们产生失落感。

(二) 理想我与现实我的矛盾

理想我是指个人想要达到的完美的形象,是个人追求的目标,它引导个体实现理想中的个人自我。现实我是个人从自己的立场出发,对现实中自我的各种特征的认识。在现实生活中,理想自我与现实自我总是存在一定的差距,这是正常的,它可以激励大学生奋发图强、积极向上,向着梦中的方向飞奔;但当现实我距离理想我太过遥远时,大学生会产生各种各样的心理不适甚至自暴自弃,变得平庸无为,变得没有动力,从而导致一系列心理问题。

(三) 独立与依附的矛盾

大学生正处在人生中第二次飞跃的"心理断乳期"。一方面,生理与心理的成熟使他们渴望独立,但长期的校园生活使他们应有的社会阅历与经验相对匮乏,当应激事件出现时,他们却又盼望亲人、老师、同学能够替自己分忧,无法做到人格上的真正独立。另一方面,大学生心理上的独立与经济上的不独立也形成了明显的反差。事实上,任何心理成熟的独立的现代人,都需要他人的帮助,广泛的社会支持是个体心理健康不可或缺的。

(四) 渴望交往与心灵闭锁的矛盾

在这个时期,一方面,每个大学生都渴望爱与友谊,渴望交往与分享,渴望自我价值得到实现,渴望探讨人生的真谛,寻找人生的知己,希望成为群体中受尊敬与欢迎的人;另一方面,大学生的自我表露又受到心灵闭锁的影响,他们总是不经意地将自己的心灵深藏起来,与同学有意无意地保持一定的距离,存在戒备心理,不能完全敞开心扉与他人交流与沟通思想,常常感到没有人理解自己,缺乏知音。

(五) 理智与情感的矛盾

大学生情绪的一个显著特点是容易两极分化,情绪或高或低,波动性大,不易控制。但随着身心的发展和认知水平的提高,大学生渐渐成熟,在遇到客观问题时,既想满足自己情感的要求,又想服从于社会及他人的需求。特别是当遇到失恋等人生打击时,尽管理智上能够理解,但在感情上会难以接受。

二、大学生自我意识发展中存在的误区

(一) 自卑与自负:自信的误区

自卑是一种自我否定,即对自己缺乏信心,对自己不满和否定,总是把目光盯在自己的缺点、不足和失误上,遇事容易心虚胆怯、逃避退缩。而自负则是一种自我膨胀,即过度的自信。实际上,自卑和自负是紧密联系的,自负表现强烈的人往往是极度自卑的人。大学生往往体现出较高的自尊与自信,他们渴望成功,不甘落后,对成功的渴望与预期较高,特别是当小小的成就来到身边时,很容易表现出骄傲自大、唯我独尊、以自我为中心,相当自负。当遭遇失败与挫折时,有时甚至是小小的失利,如考试失败、恋爱失败等,他们便开始怀疑自己的能力,进而自我否定、自我怀疑甚至自暴自弃,陷入强烈的自卑。这些都与大学生自我认知不良、自我定位不准确有关。

【案例引导】

梅梅的自负

程佳的同学梅梅成绩十分优异,她长得漂亮,又能歌善舞、博学多才,在大学里颇受同学欢迎,班主任更是对她青睐有加。渐渐地,梅梅越来越自命不凡,和同学之间的矛盾也越来越大了。在班干部评选时,辅导员征求她的意见,她说这个太笨,那个不会说话,不是摇头就是撇嘴,意思十分明显:全班除了她,没人能当班干部了!也许正是她的这种态度,引起了同学们的不满,班干部竞选时,她以11票之差落选了。

通过这个案例可以看出,梅梅陷入了自负的误区,因为她对自我认知出现了偏差,所以才表现出这种骄傲自大、目中无人的状态。

(二)独立与逆反:扭曲的意志

独立意向是大学生自我意识发展中最显著的标志之一,然而大学生在摆脱依赖、走向独立的过程中,有时会矫枉过正,表现出过分的独立意向。

逆反心理也是大学生自我意识发展中的一种非理性的产物,是大学生试图展示自我形象、强调个人意志的一种手段。其实质是为了寻求独立、寻求自我肯定,这是青年阶段心理发展的必然要求。正因为如此,青年期被称为"第二反抗期"。它具有双重性:一方面是独立意识;另一方面是不能确切地把握反抗而表现出逆反心理。逆反的对象主要是家长、老师以及社会宣传的观念和典型人物等外界权威,其结果是阻碍大学生学习新的或正确的经验,不利于他们健康成长。

(三)盲目与懒惰:意志的误区

大学生正处于精力旺盛和朝气蓬勃的年龄阶段,他们热情、好奇,有广泛的兴趣和爱好,总想在各方面显示自己的才能和智慧,有强烈的参与意识。在学业上,有的同学涉猎的领域较广,除必修课外,还选修了不少其他专业的课程,并热衷于社会上流行的"考证热",试图在许多方面都有所收获。这实际上是一种无目标的盲目心理。这虽非普遍现象,但它会在一定程度上影响大学生的发展和成才,需要引起足够的注意。

消极懒惰是缺乏目标意识,不能形成积极的理想自我的心态。有一些大学生认为中小学寒窗苦读十余载,如今进了大学,总算解放了,再不愿埋头苦读了,甚至对一切都不感兴趣,自知不对又不去积极改变现状。

【知识延伸】

如何克服懒惰心理?

(1)善于培养、保护、利用已有的学习兴趣。兴趣能激发参加活动的积极性,促使自己在活动中表现出更大的意志努力。

（2）确定具体的、可行的目标。目标是想要达到的境地或标准，它制约着行为的方向。对自己来说，只有具体的、可行的目标，才有可能促使自己去为实现这一目标而坚持不懈。

（3）学会自我监督。对某一目标要持之以恒，要靠自己的自觉行为，因此，让自己学会检查、监督自己是否朝既定的目标努力是必要的。

（4）学会肯定自己，勇敢地把不足变为勤奋的动力。学习、劳动时都要全身心投入，争取达到最满意的结果。

（四）自我中心与从众：认知的误区

随着自我意识的发展，大学生越来越多地把关注的重心投向自我，因此比较容易出现自我中心的倾向。过分以自我为中心的人，不能进行客观的思考和分析，常常颐指气使，盛气凌人。他们常不能赢得别人的好感与信任，人际关系大多不和谐。还有一些学生，遇事缺乏主见，人云亦云，随波逐流，表现出过分的从众倾向。从众心理人皆有之，但若过分就会阻碍自我的发展。

大学生在自我意识发展过程中出现的种种偏差或缺陷，是由他们的身心状况和时代特点所决定的，是其心理发展尚未成熟的表现，是正常和普遍的。但同时必须加以调整，因为只有这样才能促进大学生自我意识的统一，促进他们心理的发展和成熟，从而走向成功。

三、良好自我意识的标准

具有良好自我意识的人是一个自我肯定、自我统合的人；是一个自我认识、自我体验、自我调节协调一致的人；是一个独立的同时又与外界保持协调的人；是一个主动发展自我且具有灵活性的人；是一个不仅能健康发展，而且能促进社会文明和进步的人。

对于大学生来说，良好的自我意识可以参照以下几个方面的标准：
（1）接受自己的生理状况，不自怨自艾。
（2）对自己的心理素质有较清晰的认识，知道自己的长处和短处。
（3）对自己所处的环境有较清晰的认识，包括家庭和学校环境。
（4）对自己的经历有正确的评价。
（5）对未来自我发展有较明确的目标。
（6）对自己的需求有清楚的认识。
（7）知道生活中什么是应该珍惜的，什么是应该抛弃的。
（8）对妨碍自己达到目标的因素有较为清楚的认识。
（9）对自己的希望和能力的差距比较清楚。
（10）能正确估计自己的社会角色。
（11）对自己的情绪有较为清楚的认识。

四、大学生自我意识的完善

自我意识健全是大学生自我完善和自我教育的途径,是大学生人格自我调控系统的组成部分。大学阶段是自我意识发展的高级阶段,分析大学生自我意识发展过程中出现的冲突,寻求合理的培养途径,是高校学生管理和增强学生心理素质的重要手段。具体内容如下。

(一)正确认识自我

正确认识自我是培养健全的自我意识的基础。而人的自我认识可以分为两方面:一方面是自我定性,就是对自己的性格、特长、兴趣、爱好以及家庭对自己的影响、性格的弱点等的了解与看法;另一方面是自我反思,这是一个终身的过程。经常进行自我反思才是进步的前提,才不会自以为是。除此之外,大学生还要尽力拓宽生活范围,增加生活阅历,扩展交往空间,积极参加活动。只有学会用发展的眼光、辩证的方法看待自己和他人,才能充分发挥自己的聪明才智,实现自己的人生价值。

【课堂活动】

我是个怎样的我?

下面是一些个人对自己看法的陈述,请认真读每句话的意思,然后作答。

1. 我周围的人往往觉得我对自己的看法有些矛盾。
   A. 完全不符合   B. 比较不符合   C. 不确定   D. 比较符合   E. 完全符合
2. 有时我会对自己在某方面的表现不满意。
   A. 完全不符合   B. 比较不符合   C. 不确定   D. 比较符合   E. 完全符合
3. 每当遇到困难,我总是首先分析造成困难的原因。
   A. 完全不符合   B. 比较不符合   C. 不确定   D. 比较符合   E. 完全符合
4. 我很难恰当地表达我对别人的情感反应。
   A. 完全不符合   B. 比较不符合   C. 不确定   D. 比较符合   E. 完全符合
5. 我对很多事情都有自己的观点,但我并不要求别人也与我一样。
   A. 完全不符合   B. 比较不符合   C. 不确定   D. 比较符合   E. 完全符合
6. 我一旦形成对事物的看法,就不会再改变。
   A. 完全不符合   B. 比较不符合   C. 不确定   D. 比较符合   E. 完全符合
7. 我经常对自己的行为不满意。
   A. 完全不符合   B. 比较不符合   C. 不确定   D. 比较符合   E. 完全符合
8. 尽管有时需要做一些不愿意的事,但我基本上是按自己的意愿办事的。
   A. 完全不符合   B. 比较不符合   C. 不确定   D. 比较符合   E. 完全符合
9. 对于一件事,好就是好,不好就是不好,没有什么可含糊的。
   A. 完全不符合   B. 比较不符合   C. 不确定   D. 比较符合   E. 完全符合

10. 如果我在某件事上不顺利,我往往会怀疑自己的能力。
   A. 完全不符合   B. 比较不符合   C. 不确定   D. 比较符合   E. 完全符合
11. 我至少有几个知心朋友。
   A. 完全不符合   B. 比较不符合   C. 不确定   D. 比较符合   E. 完全符合
12. 我觉得我所做的很多事情都是不该做的。
   A. 完全不符合   B. 比较不符合   C. 不确定   D. 比较符合   E. 完全符合
13. 不论别人怎么说,我的观点绝不改变。
   A. 完全不符合   B. 比较不符合   C. 不确定   D. 比较符合   E. 完全符合
14. 别人常常会误解我对他们的好意。
   A. 完全不符合   B. 比较不符合   C. 不确定   D. 比较符合   E. 完全符合
15. 在很多情况下,我不得不对自己的能力表示怀疑。
   A. 完全不符合   B. 比较不符合   C. 不确定   D. 比较符合   E. 完全符合
16. 我朋友中有些人是与我截然不同的,但这并不影响我们的关系。
   A. 完全不符合   B. 比较不符合   C. 不确定   D. 比较符合   E. 完全符合
17. 与朋友交往过多容易暴露自己的隐私。
   A. 完全不符合   B. 比较不符合   C. 不确定   D. 比较符合   E. 完全符合
18. 我很了解自己对周围人的情感。
   A. 完全不符合   B. 比较不符合   C. 不确定   D. 比较符合   E. 完全符合
19. 我觉得自己目前的处境与我的要求相距太远。
   A. 完全不符合   B. 比较不符合   C. 不确定   D. 比较符合   E. 完全符合
20. 我很少去想自己所做的事是否应该。
   A. 完全不符合   B. 比较不符合   C. 不确定   D. 比较符合   E. 完全符合
21. 我所遇到的很多问题都无法自己解决。
   A. 完全不符合   B. 比较不符合   C. 不确定   D. 比较符合   E. 完全符合
22. 我很清楚自己是怎么样的人。
   A. 完全不符合   B. 比较不符合   C. 不确定   D. 比较符合   E. 完全符合
23. 我能自如地表达自己要表达的意思。
   A. 完全不符合   B. 比较不符合   C. 不确定   D. 比较符合   E. 完全符合
24. 如果有足够的证据,我也可以改变自己的观点。
   A. 完全不符合   B. 比较不符合   C. 不确定   D. 比较符合   E. 完全符合
25. 我很少考虑自己是个怎样的人。
   A. 完全不符合   B. 比较不符合   C. 不确定   D. 比较符合   E. 完全符合
26. 把心里话告诉别人不仅得不到帮助,还可能招致麻烦。
   A. 完全不符合   B. 比较不符合   C. 不确定   D. 比较符合   E. 完全符合
27. 在遇到问题时,我总觉得别人都离我很远。
   A. 完全不符合   B. 比较不符合   C. 不确定   D. 比较符合   E. 完全符合
28. 我觉得很难发挥自己应有的水平。
   A. 完全不符合   B. 比较不符合   C. 不确定   D. 比较符合   E. 完全符合

29. 我很担心自己的所作所为会引起别人的误解。
   A. 完全不符合   B. 比较不符合   C. 不确定   D. 比较符合   E. 完全符合
30. 如果我发现自己某些方面表现不佳,总希望尽快弥补。
   A. 完全不符合   B. 比较不符合   C. 不确定   D. 比较符合   E. 完全符合
31. 每个人都在忙自己的事,很难与他们沟通。
   A. 完全不符合   B. 比较不符合   C. 不确定   D. 比较符合   E. 完全符合
32. 我认为能力再强的人也可能遇上麻烦。
   A. 完全不符合   B. 比较不符合   C. 不确定   D. 比较符合   E. 完全符合

(二) 客观对待自我

1. 积极地接纳自我

接纳自我就是愉快、满意地接受自己,即悦纳自我。悦纳自我是发展健全的自我意识的核心和关键,也是适应社会的前提。悦纳自我,更多的是取决于个体自己的心理状态。一个悦纳自己的人,才能为他人所接纳。这样的人会以积极的态度来接受自己的一切,他们对待生活乐观、豁达,能理智地看待自己的长处和短处,冷静地对待得失,从而能培养自信、自立、自强、自主的心理品质和良好的自我意识,成为生活的强者。

2. 良好地控制自我

自我控制是健全自我意识、完善自我的根本途径,是主动定向地改造自我的过程,也是个体对待自己的态度具体化的过程。因此,在改变现实自我走向实现理想自我的过程中,大学生要面对现实,从实际出发,排除各种干扰,合理定位,从而做到自我的有效控制,最终实现理想自我。

(三) 不断超越自我

马克思说过:"人生有两大目标,一个是自我的完善,一个是创造人类的幸福。"这两大目标是统一的,前者属于自我价值,后者属于社会价值;一个伟大的人,两种价值缺一不可。这就要求大学生根据社会的需要和自身的特点,本着科学的态度,辩证地看待社会,在社会实践当中,分析自我、把握自我,一步一个脚印开拓与发展,以走向理想的自我、完善的自我。

【心灵鸡汤】

赶考

有位秀才第三次进京赶考,住在一个经常住的旅店里。考试前两天他做了三个梦:第一个梦是梦到自己在墙上种白菜;第二个梦是梦到下雨天,他带了斗笠还打伞;第三个梦是梦到跟自己心爱的人亲密地靠在一起,但是背对着背。这三个梦似乎有些深意,秀才第二天就赶紧去找算命的解梦。算命的一听,连拍大腿说:"你还是回家吧,你想想,高墙上种菜不是白费劲嘛!戴斗笠打雨伞不是多此一举嘛!跟自己心爱的人亲密地靠在一起却背对背不是没戏嘛!"

秀才一听,心灰意冷,回旅店收拾包袱准备回家。店老板非常奇怪,问:"不是明天才考试吗?你怎么今天就要回乡了?"秀才如此这般说了一番。店老板乐了:"哟,我也会解梦的。我倒觉得,你这次一定要留下来,你想想,墙上种菜不是高种(中)嘛!戴斗笠打伞不是说明你这次有备无患嘛!跟你心爱的人背靠背在一起不是说明你转身就能得到嘛!"秀才一听,觉得此人说得更有道理。于是,他振奋精神前去参加考试,居然中了个探花。

通过这个故事,我们可以看出,积极的人像太阳,照到哪里哪里亮;消极的人像月亮,初一十五不一样。想法决定我们的生活,有什么样的想法,就有什么样的未来。

大学生自我意识的发展很不平衡,存在诸多不协调和矛盾,而健康的自我意识是身心和谐的基础和关键。因此,帮助大学生发挥自我意识中的积极因素,克服消极因素,从多层次多角度进行调控,不断完善与改过,才能使他们自我实现,形成健康的自我意识,提高心理素质,从而实现高等教育的培养目标,使他们能够和谐、健康、全面地发展。

【课后思考】

1. 通过本章的学习,你认为自己了解自己吗?你是如何看待自己的?
2. 你在与同学或是朋友相处时,觉得自己不如别人吗?
3. 当你对自我的认识出现偏差时,你是如何调整这种情绪的?

【心灵书吧】

《活出最乐观的自己》

作者:马丁·塞利格曼

译者:洪兰

出版社:北京联合出版有限责任公司

出版时间:2010 年 8 月

ISBN:9787547011072

开本:16

包装:平装

内容简介:

如果你是商人,你需要乐观,度过金融危机的猛烈冲击。如果你是职场人士,你需要乐观,扛过每一个难关和挑战。如果你是家长,你需要乐观,给孩子一个积极的榜样。如果你是学生,你需要乐观,以应对学业的压力。如果你是运动员,你需要乐观,抓住最后 1 秒的胜利机会。

【影片有约】

《少年派的奇幻漂流》

剧情简介：

《少年派的奇幻漂流》的故事开始于蒙特利尔，也结束于蒙特利尔。一名在找寻灵感的作家，无意间得知了皮辛墨利多·帕帖尔的不可思议的故事。这名被大家称为派的男孩，成长于20世纪70年代的印度朋迪榭里。他的父亲开了一家动物园，派整天与老虎、斑马、河马和其他异国动物为伍，对信仰、人和动物的本性自有一套看法。

在派17岁那一年，他的父母决定举家移民以追求更好的生活。移民能带来新世界的新冒险，却也代表派必须离开他的初恋情人。在选择移民加拿大之后，派的父母关闭动物园，收拾所有家当搭上一艘日籍货船。当天深夜，在茫茫大海中，原本令派感到刺激无比的暴风雨，才一瞬间就成了吞噬货船的大灾难。船沉了，然而派却奇迹似地活了下来。他搭着救生船在太平洋上漂流，而且有一名最令人意想不到的同伴——理查德·帕克，一头孟加拉虎。冒险的旅程开始了。而这头过去在派的面前展露本性的猛虎，则成了派的大敌。然而在学习共存的过程中，理查德·帕克逐渐成为派重返人世的最大希望。

※ 第三章

学习心理

【引言】

"十年磨一剑",每个人从出生的那一刻起,便开始模仿和学习周围人的行为及说话方式,等到进入学校,便开始接受系统的教育和学习。通过多年的学习,我们掌握了很多技巧和方法,但是随着社会环境和生活方式的改变,学习模式也发生了变化。很多大学生在学习过程中会遇到很多困难,这阻碍了其发展和成长。本章旨在帮助大学生分析其遇到的难题,并给予相应的指导,使其更加乐观、健康地成长。本章学习目标如下:

(1) 了解学习的概念,以及大学生的学习内容和特点,使其更好地掌握必备的知识。

(2) 让大学生对一些常见的学习上的问题有基本的认识。

(3) 对大学生在学习过程中出现的心理问题进行调适,并在此基础上使其掌握必要的学习策略和方法。

【案例引导】

肖延的"症结"

宋健的舍友肖延最近上课总是睡觉,老师提问,他也只是敷衍了事。舍友叫他一起去吃饭,他也不理。刚开始舍友们还主动和他说话,但是后来觉得肖延这个人比较奇怪,便都疏远了他。

有一天,肖延回到寝室,眼睛微红。宋健看到,忙上前问道:"肖延,你怎么了?"

肖延冷淡地回了句:"没事。"宋健叹了一口气,回道:"你有什么事就说出来,大家可以帮你一起解决,不然你总是这么一声不吭,我们根本就不知道你到底发生了什么啊!"

肖延沉默了许久,回应道:"我不想念书了,今天和我爸说了,我爸竟然哭了。"

宋健:"为什么不想念了?"

肖延:"我想外出打工挣钱。我受不了学校的生活了,我根本就不喜欢当老师,不喜欢学习的内容。虽然我也渴望能够静下心来学习,每天强迫自己坐在教室,可是脑子却一片空白,不知道自己在想什么、想干什么。我实在是提不起兴趣来学习,只能用每天上课睡觉来打发时间。"

宋健:"那如果换个专业呢?你有感兴趣的专业吗?"

肖延:"现在已经转不了了,我问过老师了。"

宋健也不知道该如何去帮助他,陷入了矛盾。

假设你是老师,会如何帮助肖延?你在学习中遇到过哪些问题?接下来就让我们一起来学习有关知识,帮助你解决一些困惑。

第一节　大学生学习概述

只要愿意学习,就一定能够学会。

——列宁

学习是人的一生中最普遍且最重要的一种活动,也是人类适应环境的一个必要条件。学习可以更好地完善自己,进一步了解世界,更好地与他人交流……学习贯穿于个体整个生命的历程。"万物皆动,世界正处在不断变化的状态中",因此,生命不息,学习就不会真正停止。

一、学习的界定

学习有狭义和广义之分。通常学校的学习,我们称之为狭义的学习。它是一种有明确目标、详细计划、集体组织形式的关于知识和技能的学习。例如,在英语课堂上学习语法,在舞蹈课上学习舞蹈技能等。

随着时代的发展,人们对于学习有了更为深刻的认识。1965年,保罗·朗格朗在联合国教科文组织会议中提出了关于"终身教育"提案,他认为教育和学习应该伴随着人的一生。20世纪80年代以来,"终身学习"逐渐取代了"终身教育"。

终身学习是指个体为适应社会发展现状和实现个体发展的需要,贯穿于个体一生的、持续的学习过程,简言之,"活到老学到老"。终身学习关注学习者的主体地位,突出学习者在学习活动中的主观能动性和活力。21世纪以来,人类逐步迈入了以智力资本为核心的知识时代,这对人类而言,既是机遇也是挑战。在这一时代背景下,终身学习逐渐成为现代人的一种生活方式,甚至成为一种信仰。

【知识延伸】

加涅的学习分类

加涅根据学习的繁简水平不同,提出了八类学习。

(1) 信号学习:即经典性条件作用,学习对某种信号做出某种反应。其过程是刺激—强化—反应。

(2) 刺激—反应学习:即操作性条件作用,与经典性条件作用不同,其过程是情景—反应—强化,即先有情景,做出反应动作,然后得到强化。

(3) 连锁学习:是指学习联合两个或两个以上的刺激反应动作,以形成一系列刺激—反应动作的联结。

(4) 言语联想学习:也是一系列刺激—反应的联合,但它是由言语单位所联结的连锁化。

(5) 辨别学习:即学会识别多种刺激的异同,并对之做出不同的反应。

(6) 概念学习:对刺激进行分类时,学会对一类刺激做出同样的反应,也就是对事物的抽象特征的反应。

(7) 规则学习:规则指两个或两个以上概念的联合。规则学习即了解两个或两个以上概念之间的关系。

(8) 解决问题的学习:即在各种情况下,使用所学规则去解决问题。

二、大学阶段学习的特点

如果说中小学的学习生活是河港溪流,那么大学阶段的学习生活就是汪洋大海。除了了解自身的学习状态,还要了解大学阶段的学习特点,这样才能到达学海的彼岸。

(一) 专业性

大学阶段是专业教育,这是它与中学相区别的明显标志,大学生在确定自己的专业后,也就基本明确了今后的职业方向。大学的学习一般都会围绕具体专业而展开,大致可以分为基础知识学习、专业基础知识学习、专业知识学习和毕业论文四个阶段。由此可见,专业学习要求大学生既要了解本专业的前沿知识与经典理论,又要掌握与专业相关的基础知识与专业基础知识,在专业基础上广泛地拓宽自己的知识面,形成最佳的知识结构,实现一专多能。

(二) 探究性

大学的学习是探究性的、以解决问题为中心的学习,这是大学学习的一大亮点。问题是探究的动力、探究的起点和贯穿探究过程的主线,学生通过探究性的学习来发现问题、提出问题、分析问题和解决问题。知识不再以一种既定的方式由教师直接呈现给学生,学生也不再只是知识的搬运工。与此同时,创造能力在探究问题的过程中也得到充分展示,即通过发现问题,在现有问题与原有知识间建立联系,提出解决问题的种种方案,收集资料,最后得出自己的结论等一系列过程。大学生在深刻的未知体验中不断培养自己的创新精神,不断提高自己的创造能力。

(三) 选择性

由于大学生的经历各异、知识结构不同、兴趣爱好有差别,其学习必然也会有多渠道、多形式、多层次、多环节的选择,体现在自主选择学习目标、学习内容、学习方法等方面。例如,大学生可以选择通过课堂学习、自学、群体研讨、业务实习、听取学术讲座、参加第二课堂活动、深入社会调查等渠道开阔眼界,积累丰富的知识。

总之,大学生既不可以不学,也不可以死学;既不可以过分独学,也不可以为别人学。大学的学习气氛是外松内紧。在这里没有人监督,没有人主动指导,但这里绝不是没有竞争。每个人都在独立地面对学业,每个人都该有自己设定的目标,每个人都在和自己的昨天比,和自己的潜能比,也在暗暗地与别人比。

【课堂活动】

学习动力自我诊断测验

这是一份关于大学生学习动力的自我诊断量表,共有20个问题。请你根据自己的实际情况,逐一对每一个问题做"是"或"否"的回答。

1. 如果别人不督促你,你极少主动地学习。
2. 你一读书就觉得疲劳和厌烦,只想睡觉。
3. 当你读书时,需要很长的时间才能提起精神。
4. 除了老师指定的作业外,你不想再多看书。
5. 在学习中遇到不懂的知识,你根本不想设法弄懂它。
6. 你常想,自己不用花太多的时间,成绩也会超过别人。
7. 你迫切希望自己在短时间内就能大幅度提高自己的学习成绩。
8. 你常为短时间内成绩没能提高而烦恼不已。
9. 未及时完成某项作业,你宁愿废寝忘食、通宵达旦。
10. 为了把功课学好,你放弃了许多你感兴趣的活动,如体育锻炼、看电影和郊游等。
11. 你觉得读书没意思,想去找个工作做。
12. 你常认为课本上的基础知识没啥好学的,只有看高深的理论、读大家的作品才带劲。
13. 你平时只在喜欢的科目上下功夫,对不喜欢的科目则放任自流。
14. 你花在课外读物上的时间比花在教科书上的时间要多得多。
15. 你把自己的时间平均分配在各科上。
16. 你给自己定下的学习目标,多数因做不到而不得不放弃。
17. 你几乎毫不费力就实现了你的学习目标。
18. 你总是同时为实现好几个学习目标而焦头烂额。
19. 为了应付每天的学习任务,你已经感到力不从心。
20. 为了实现一个大目标,你不再给自己制定循序渐进的小目标。

评分方法:

上述20道题可以分为4组,它们分别测查你在4个方面的困扰程度:第1~5题测查你的学习动机是不是太弱;第6~10题测查你的学习动机是不是太强;第11~15题测查你的学习兴趣是否存在困扰;第16~20题测查你在学习目标上是否存在困扰。

假如你对某组中大多数题目抱有相同的态度,则一般说明你在相应的学习方面存在一些不够正确的认识,或存在一定程度的困扰。

具体来讲,选"是"记1分,选"否"记0分,将各题得分相加,算出总分。

结果解释:

总分在0~5分,说明在学习动机上有少许问题,必要时可调整。

总分在 6~10 分,说明在学习动机上有一定的问题和困扰,可调整。

总分在 11~20 分,说明在学习动机上有严重的问题和困扰,须调整。

第二节 大学生学习心理辅导

经常不断地学习,你就什么都知道。你知道得越多,你就越有力量。

——高尔基

【案例引导】

安欣的"考试焦虑"

安欣在最近一次的专业测试中表现十分异常,45 分钟的考试,她去了十多次厕所,老师问她是不是吃什么东西吃坏了肚子,安欣痛苦地摇了摇头,只见她脸色苍白,额间冒着冷汗。

老师想要把她送到医院去,安欣拒绝了,她说自己经常这样。从高中的时候开始,她就对考试紧张、焦虑,每次考试来临的时候便开始坐立不安。虽然每次考试前都会很积极地复习功课,每次考试也都能考得不错,但一听要考试了便觉得惴惴不安,老是担心自己在考试时会出问题,强迫自己抓紧时间看书、复习,课间也不敢出去休息。虽然这样,但是效率并不高。到考试前一天或是考试前几天,就会突然拉肚子,浑身不舒服,到了考场上,脑袋一片空白。安欣自己也试过深呼吸放松法,在感觉紧张的时候进行深呼吸,但效果并不理想。

安欣向老师倾诉着,老师觉得应该带她去看看心理医生,同学们也在想办法,却又不知该如何去帮助她。

假设你是安欣的朋友,你会采取什么样的办法来帮助她呢?你是否也有类似的经历?你又是如何解决这种问题的呢?

一、常见的学习心理困扰及其调适

学习心理主要是指大学生学习过程中产生的心理现象及其规律等。了解大学生学习中的心理特征和心理障碍,对于培养其健康的学习心理,提高其学习水平,使其成为学有专长的人才具有十分重要的意义。大学生要了解以下几种学习心理的困扰,并且学会调适这些困扰的办法。

(一) 学习适应不良及其调适

大学阶段的学习与中学学习不同,但是许多大学生还停留在中学的学习定式中,如有些同学一味追求高分而忽略综合能力的提高,有些同学仍旧采用中学的学习方法却难以应付大学繁重的学习压力,有些同学总是等待老师来安排学习任务而不善于主动学习等,这些都是学习适应不良的表现。当代大学生应该如何解决学习适应不良的问题呢?

1. 熟悉新环境,做好充分的心理准备

人的一生会经历许多新的生活环境,每面临一个新环境都有一个适应问题,都有一个适应过程,都需要一段适应时间。其实,如果人们用心、努力去熟悉新环境的新特点,就会有新的体验、新的欣喜、新的收获。大学新生应在努力发现新的学习环境特点的同时,做好充分的心理准备,迎接新环境的挑战,并尽快处理新环境给自己学习带来的不便。

【案例引导】

吴强的倾诉

宋健的同学吴强最近上课总是睡觉,上完课回来就倒在床上蒙头大睡,整个人看起来萎靡不振、十分消沉的样子。

有一天,宋健出去,想叫上吴强一起去散散心。吴强一开始是拒绝的,后来由于心里真的很难受,也想出去透透气,便同意了。

两个人走在路上,宋健看了一眼吴强,说道:"你最近怎么了?"

吴强沉默了一下,说道:"也没什么,就是心里有点难受。"

宋健问道:"什么原因?"

吴强深吸了一口气,说道:"感觉自己有点不太适应大学的学习及生活方式。高中的时候,我特别想读大学,对大学充满了幻想,可是来到大学后,感觉一切都不是我想要的,心里有点不能接受。"

宋健回道:"其实我有时候也有这样的感受。可是不管怎么样,生活还得继续,我们要找到自己喜欢的事,然后不断去努力,我相信一切会好起来的。"

吴强点了点头。

吴强的这种状态明显就是对陌生的大学环境适应不良,因此,就需要自己调整。同时,老师及同学还要多帮助他,给予他关心与爱。

2. 利用身边资源,寻找应对方式

在学习目标定位方面,可以请教自己敬佩的老师,以更进一步了解所学专业的内涵,更准确地树立学习目标;在学习方式、方法方面,可以设法找机会和师兄师姐进行交流,从而获得许多间接学习经验;在具体的学科学习方面,可以同任课老师和同班同学讨论,以提高自己该学科的知识水平。

3. 学会主动学习,规划学习时间

大学的学习模式和节奏与中学大不相同,大学生学习的主动性是提高对学习的适应水平的关键。主动学习,主动复习,主动在课余时间学习,主动去图书馆拓展自己的知识,都能帮助自己逐渐适应大学的学习模式和节奏。由于学习时间短暂而宝贵,大学生在主动学习的前提下,应有效规划学习时间,提高时间的利用率,这不仅能使自己轻松面对学习任务,而且能从中愉悦自我。

（二）学习动机不当及其调适

学习动机不当在思想上表现为:目光短浅,胸无大志,理想模糊,信念丧失;缺乏社会责任感和事业心,抱负水平低;缺乏自尊心,考试成绩不及格也觉得无所谓;缺乏自信心,求知欲不强,整天无精打采,萎靡不振。在学习上表现为:不愿意上课,逃避学习;没有形成良好的学习习惯,课前不预习,视学习为苦差事;上课不注意听讲,不积极思考问题,经常走神、睡觉、看与学习内容无关的东西;课后不看书,抄袭作业,满足于一知半解……

大学生应该怎样调适学习动机不当呢?

1. 明确目标

正确认识学习的价值与大学的目标,重视规划学业与人生。在平时的学习生活中要明确自己学习的目的,并将学习目的同实际生活联系起来,同时根据自己的学习目的和实际能力制定适合自己的学习目标。目标太高容易使自己在学习过程中产生挫败感,太低又达不到学习的效果,只有难易度适中的学习目标才能激发自身强烈的学习动力。

2. 探索方法

大学学习的独立性和自主性要求大学生要着重研究自己应该如何学习、用什么方式学习等问题。大学生在学习过程中应该认清自己的能力和局限,扬长避短,结合自身的情况总结出适合自身特点的学习方法。只有适合自身特点的学习方法,才是科学的学习方法。

【知识延伸】

艾宾浩斯记忆法

（1）尝试回忆。尝试回忆就是在头脑中把学过的知识回想一遍,有人称之为"过电影",这是逼着自己去认真思考的方法。心理学实验表明,尝试回忆比单纯地反复识记好得多。

（2）交谈争论。旨在阐述自己的观点,对客观事物、客观现象加以说明。在交谈争论的过程中,双方都会加深印象,错误的得到了纠正,正确的得到了承认,记忆得到了巩固。

（3）设问自答。如"假如我是老师,我将怎样出题考学生呢?我希望学生掌握哪些要点呢?"如果经常对自己提出一些问题,并从多种角度设问自答,就会收到意想不到的效果。

3. 培养兴趣

学习兴趣是大学生求知进取的动力、行为成功的起点。兴趣不是天生就有的，而是随着年龄的增长和实践活动的丰富而培养发展起来的。大学生要善于发现能激发自己兴趣的事情，经过努力学习，不断积累知识，获得成就体验，激发兴趣。

【心灵鸡汤】

著名的生物学家达尔文从小就对大自然丰富多彩的生物现象很感兴趣，他经常坐在河边看鱼儿怎样游泳，看鸟儿怎样孵蛋，还采集了大量的昆虫、贝壳制成标本，他那时的理想就是认遍地球上的生物。达尔文的兴趣得到了母亲的支持，她巧妙地利用孩子非常喜欢生物的契机，顺势诱导他观察生物现象，一步一步把他带进丰富多彩的生物王国。长大以后，达尔文在母亲的支持下环游地球，经过长久的努力，最终创立了生物进化论，并写下了不朽巨著《物种起源》，为科学的发展做出了巨大的贡献。

（三）学习疲劳及其调适

学习疲劳是指由于长时间的持续学习，在身体和心理等方面产生了倦怠，致使学习效率下降，甚至出现不能继续学习的状况，主要表现为学习错误增多、注意力难集中等。学习疲劳经过适当的休息就可以得到恢复，对身心健康不会造成太大影响。但是如果长期处于疲劳状态，勉强让大脑有关部位持续保持兴奋，就会导致大脑兴奋和抑制过程的失调，严重的会引起神经衰弱。

常用的调节学习疲劳的方法有以下几种。

1. 科学用脑，劳逸结合

科学研究已经比较清楚地揭示了大脑两半球的不同功能，左半球为言语优势半球，右半球为非言语优势半球，如果长时间运用一侧大脑，相对容易疲劳，因此学校在课程安排上要注意不同性质的课程在时间上的参差搭配。大学生在每天的学习生活中也要注意劳逸结合，在课间休息时一定要走出教室呼吸新鲜空气。学习一段时间后，就应该休息片刻。在学习之余，可参加一些文体活动，使身心都得到放松和调节，这样有利于消除疲劳，提高学习效率。

2. 遵循人体生物节律，保证睡眠

睡眠是最基本、最重要，而且是不可替代的休息。人在睡眠时，体内各器官的新陈代谢活动降低，大脑皮层由兴奋转为抑制，耗氧量减少，有利于血液中养料、氧气的自我补偿，以聚集精力。这既保护了神经细胞，避免过度疲劳，又能促进神经细胞功能的恢复。因此，提高睡眠质量，是学生正常学习的保障。

（四）考试焦虑及其调适

据调查，约10%的大学生对考试存在着不同程度的焦虑，特别是学习基础比较差、性格比较内向、学习方法不够灵活的学生最容易出现考试焦虑症。考试焦虑的学生可能在考试前后出现精神紧张、恐惧、心烦意乱、无精打采、肠胃不适、记忆力减退、注意力不集中等症状。调适考试焦虑有以下几种方法。

1. 认真复习,增强对考试的自信心

考前的准备状态是考试心理的重要因素。如果考前准备充分、胸有成竹,会有效缓解考试焦虑,因此牢固掌握知识、做好充分的复习准备是克服考试焦虑的根本途径。

2. 合理期望

每个学生对自己都有期望值。一般来说,对考试的期望过高或过低都不利于在考试中自我能力的最好发挥,也很难取得较为理想的成绩,因此,大学生对自己的考试期望一定要实事求是。要做到这一点,首先要正确认识自我,合理确定自己的学习目标,要根据自己的能力、实际状况和学习要求来制定目标。这样建立的目标才能达到自我期望与现实的契合,帮助自己获得良好的情感体验,充分激发自己的潜能,避免挫伤学习的积极性。

考试时,适当的紧张能促进人大脑的兴奋性,提高考试效率,而过分的紧张就是焦虑,焦虑感会降低考试效率。

3. 学会考前放松

学习和掌握一些考前放松的方法可以有效地缓解因学习而产生的紧张、焦虑,从而提高心理健康水平。常用的自我放松调节方法有自我暗示放松法、肌肉调节放松法、想象放松法、呼吸调节放松法等。

二、大学生学习的主要策略

（一）培养自主学习的能力

随着科技的迅速发展,知识正以成倍的速度递增,面对如此庞大的知识体系,要赶上信息时代的步伐,自主学习能力的培养是关键。对于大学生来说,学习既是他们的任务,又是今后在社会上生存和发展的手段。高校应为国家培养具有创新能力、实践能力、交流能力和社会适应能力的综合应用型人才。学校培养创新型人才的教学活动中重要的一环就是培养学生的自主学习能力。法国的埃德加·富尔在《学会生存》一书中写道:未来的文盲,不再是不识字的人,而是没有学会学习的人。由此可见,自主学习能力的培养是多么关键。

大学生正处于青年期,精力充沛,思维敏捷,爱好活动。进入大学阶段后,很多大学生由于外界因素的影响出现学习动力不足、厌学的情绪。其实很多不良现象是可以通过自我调节来避免的,只要掌握有效的方法,提高自己的学习能力不是难事。

（二）掌握有效的学习策略

学习策略主要分为认知策略、资源管理策略和自我监控策略。

1. 认知策略

知识是通过内部认知因素和外部环境因素相互作用而产生和发展的。认知指通过心理活动来获取知识,如形成概念、知觉、判断或想象。认知策略是指对信息进行加工时所用的有关方法和技术,它包括复述策略、精加工策略和组织策略。复述策略是在学习和记忆过程中,为了保持信息而对信息进行不断重复的过程,重复、抄写等都属于复述策略。精加工策略的种类很多,如类比和记忆术就是两种比较重要的精加工策略。组织策略是一种对信息进行归类整理的策略,如概念图、层级图、群集策略、纲要法等都属于组织策略。

【心理辞海】

纲要法

纲要法是指通过编写和运用提纲、摘要,以加快理解和记忆学习材料的快速学习方法。例如一册教材或一篇课文,内容可能是多方面的,但是总有一些最基本的东西,利用提纲或摘要形式可使这些基本的东西显现出来,便于快速学习和掌握。学习材料之间都是相互关联的,提纲能帮助学习者找出这些关联材料的"关键",然后由此及彼,由点到面,达到全面掌握学习材料的目的。提纲可以按内容编制,也可以按结构编写,或者两者结合编排,有了提纲,学习时就能很快记住全文大意,并融会贯通。

2. 资源管理策略

资源管理策略是辅助学生管理可用的环境和资源的策略。它主要包括时间管理策略、学习环境管理策略、寻求支持策略等。成功地使用这些策略,可以帮助学生适应环境或调节环境以适应自己的需要。

3. 自我监控策略

自我监控策略是指个体为实现最佳的认知效果而对自己的认知活动所进行的调节和控制,它包含计划策略、监控策略和调节策略。

(三) 形成良好的学习习惯

学习成绩的好坏,往往取决于是否有良好的学习习惯,特别是思考习惯。大学生应该养成以下三个学习习惯。

1. 总是站在系统的高度把握知识

很多大学生在学习中习惯于跟着老师一节一节地走,一章一章地学,不太注意章节与学科整体系统之间的关系,只见树木,不见森林。随着时间推移,所学知识不断增加,就会感到内容繁杂、头绪不清,使记忆负担加重。事实上,任何一门学科都有自身的知识结构系统,学习一门学科前首先应了解这一系统,从整体上把握知识,学习每一部分内容都要弄清其在整体系统中的位置,这样做往往使所学知识更容易把握。

2. 追根溯源,寻求事物之间的内在联系

学习最忌死记硬背,特别是理科学习,更重要的是弄清楚原理,所以不论学习什么内容,都要问为什么,这样学到的知识似有源之水、有本之木。即使你所提的问题超出了所学知识范围,甚至老师也回答不出来,这也并不要紧,要紧的是要有求知欲、好奇心,这往往是培养我们学习兴趣的重要途径。更重要的是养成这种思考习惯,有利于思维品质的训练。

3. 发散思维,养成联想的思维习惯

在学习中我们应经常注意新旧知识之间、学科之间、所学内容与生活实际之间的联系,不要孤立地对待知识,要养成多角度地去思考问题的习惯,有意识地去训练思维的流畅性、灵活性及独创性,长期下去,必然会促进智力素质的发展。知识的学习主要是通过思维活动来实现的,学习的核心就是思维的核心。知识的掌握固然重要,但更重要的是通过知识的学习提高智力素质,智力素质提高了,知识的学习会变得容易。

(四) 培养自我控制能力

目前,很多大学生缺乏踏实的作风,自我控制力比较差。进入大学教育阶段后,很多学生仍然寄希望于搞突击以应付考试。有的同学视野狭窄,只是比较关注与就业结合比较紧密的课程的学习,对其他的学科课程缺乏主动性,甚至很多同学出现了旷课的现象。有调查显示,有近60%的同学有旷课的经历,甚至很多同学认为,旷课没什么,只要不影响学习就可以了。这种认识是不对的,大学生要有一定的自我控制能力。

【课堂活动】

我的学习动机是怎样的

[活动目的]

帮助学生明确并激发自己的学习动机,树立对学习的信心。

[活动步骤]

1. 全班分为若干组,每组6~8人。
2. 每个人列出自己究竟为了什么而学习。
3. 想一想:这些原因对自己的学习有什么影响?它们有何积极作用,有何消极作用?
4. 以小组为单位,讨论学习动机,思考并比较自己的学习动机和大家的有什么不同。

[活动感受]

以小组为单位,讨论在什么情况下会产生强烈的学习愿望。小组讨论后,写一篇总结,在小组内分享。

【课后思考】

1. 通过本章的学习,你对学习有了哪些全新的认识?
2. 你在学习中遇到了哪些难题?又是如何解决的?

【心灵书吧】

《高效能人士的七个习惯》

作者：史蒂芬·柯维

译者：高新勇、王亦兵、葛雪雷

出版社：中国青年出版社

出版时间：2020年5月

ISBN：9787500695356

开本：16

包装：平装

内容简介：

企业领导人都知道，只有每一位员工成为高效能人士，企业才会真正成为高效率企业。这本书几乎覆盖美国所有成年人，它是美国成年人中最具影响力的书。一个强大的美国是由每一位高效能的美国人决定的，不能不说这与这本书有重要的关系。《高效能人士的七个习惯》能使你彻底改变思维模式，从而为你走向成功之路奠定坚实的基础。

【影片有约】

《三傻大闹宝莱坞》

剧情简介：

法罕、拉加和兰彻是同寝室的大学同学，他们都在印度的著名学府帝国工业大学就读。法罕其实并不想学工业设计，他想成为一名野外摄影师；拉加的家庭十分贫困，他的家人希望他毕业后能找个好工作以改善家庭的经济状况；而兰彻的身世一直是一个谜，这个谜要到他们毕业十年之后才能揭晓。

大学里的生活总是和学习、考试、爱情相伴。兰彻成绩很好，总是名列前茅，而且他对机械有一种异乎寻常的热爱和天赋。而另外两个室友法罕和拉加则没有这么好的脑子，他们虽然学习很努力，但总是排名倒数。法罕每天惦记着摄影；拉加每天畏首畏尾，早晚都要求神告佛以期自己考试通过。除了成绩出众之外，兰彻还是一个喜欢开导别人的人。他似乎是先知，又似乎是上天派来的神明。每当他人在无助、犯错或者是生活即将步入歧途的时候，他总是会恰当地出现，并恰当地给予指点。因为他的这种高强的"本领"，他得罪了学校的院长，整蛊了只会死记硬背的同学。

毕业的时候，法罕得到了一个匈牙利摄影师的工作邀请，拉加得到了一家公司的聘用，而兰彻则一声不响地离开了学校。他去了哪里，没有人知道。十年之后，当年被兰彻整蛊的同学找了回来，他要带着拉加和法罕找到兰彻。旅途渐次展开，他们也在屡屡回忆着大学生活的点点滴滴。而兰彻那离奇的身世和经历也将一点一点被揭露开来。

第四章

健全人格

第四章　健全人格

【引言】

人格是一个人素质的重要组成部分,也是一个人心理面貌的集中反映。在中国文化中,十分强调"做人","君子"品格一直是众多人向往和追求的至高人格。健全的人格不仅关系着个体的社会生活质量,而且间接影响着个体自身是否能得到健康、和谐地发展。因此,大学生需要培养和塑造健全的人格,只有这样,才能使其自身更好地成长。本章学习目标如下:

(1) 明确人格的概念及特征,对大学生常见的人格问题和人格障碍有清晰的认识,并学会如何调节。

(2) 掌握塑造健全人格的方法,为大学生的健康成长保驾护航。

【案例引导】

陈橙的内心波动

陈橙刚进入大学时,宿舍同学因为彼此之间不熟悉,在沟通和交往过程中都十分谨慎,能够互助、互爱,相处得也很融洽。但是随着时间的推移,在入校两个月后,由于宿舍同学间熟悉程度的加深,天性逐渐在交往过程中显露出来,彼此间的顾忌也相对减少。

某一天,宿舍小陶一句不经意的话,触动了陈橙敏感的神经。随后的一周里,陈橙处处感觉小陶的行为都和她过不去,陈橙认为自己对她那么好,她怎么能这样。从此以后,陈橙每次回到宿舍就感觉宿舍气氛十分压抑,睡觉也总是翻来覆去,难以入眠,所以在行为举止上也处处和小陶对着干。无论是在生活、学习还是心理上,陈橙都产生了很大的波动,甚至有了退学的念头。

据了解,陈橙在入校的时候各方面表现都不错,但她在寝室关系中暴露出很多问题。她总是说自己在以前的高中很优秀,老师、同学们都十分器重自己,所以在宿舍中她也以强者的姿态自居,并经常苛求舍友;在宿舍中,她的个人空间很乱,给整个宿舍的卫生成绩带来影响;在日常的学习、生活中,她也很少和大家进行深入交流,喜欢独处,平时也没什么爱好,很少参加班级文体活动。

通过陈橙的案例,你认为她的症结出现在哪里?如果你是她的朋友,会如何帮助她呢?你对人格了解多少呢?接下来就让我们一起来学习。

第一节 人格概述

良好的个性胜于卓越的才智。

——爱迪生

俗语说:"一个人的人格是他自己的脊梁。"大学生只有正确认识人格的内在含义,了解人格形成和发展的过程,才能培养其积极、健康的人格,才能拥有真正快乐的人生。

一、人格的概念及特征

(一)人格的概念

"人格"(personality)一词,起源于拉丁文 person,其意指面具、脸谱。面具随着角色不同而变换,体现不同角色的特点和不同人物的性格,就如同我国的京剧脸谱一样。心理学将其定义为人格,也称个性。人格是指一个人的整体精神面貌,即具有一定独特倾向性的、相对稳定的心理品质和心理特征的总和,它是个人在长期社会生活中形成、丰富和发展起来的。其中,心理品质(个性倾向性)包括动机、兴趣、信念、需要和世界观等,个性心理特征包括气质、性格和能力等。气质、性格是人格的重要特征。

【心理辞海】

九型人格

美国亚历山大·汤马斯博士(Dr. Alexander Thomas)和斯特拉·切斯博士(Dr. Stella Chess)在他们1977年出版的《气质和发展》一书中提到,我们可以在出生后2~3个月的婴儿身上辨认出9种不同的气质,它们分别是活跃程度、规律性、主动性、适应性、感兴趣的范围、反应的强度、心理的素质、分心程度、专注力范围/持久性。

九型人格不仅仅是一种精妙的性格分析工具,更主要的是为个人修养、自我提升和历练提供更深入的洞察力。与当今其他性格分类法不同,九型人格揭示了人们内在最深层次的价值观和注意力焦点,它不受表面的外在行为变化的影响。

(二)人格的特征

1. 整体性

人格是由多种成分构成的一个有机整体,具有内在一致性,受自我意识的调控。当一个人人格结构的各方面彼此和谐一致时,就会呈现出健康的人格特征;反之,就会使人产生心理冲突,产生各种生活适应困难,甚至出现分裂型人格。

2. 独特性

"世界上没有两片相同的叶子",每个人的人格也是独一无二的,世界上很难找到两个完全相同的人。这种独特性不仅表现在个体的心理或行为特征上,更主要的是表现在整个模式上,从而使得人与人相互区别开来。当然,我们并不否认人与人之间在某些心理或行为特征上有共同性,但从整体上讲,每个人的人格都是独一无二的。

3. 稳定性

这是指一个人的人格在时间上具有前后一贯性,空间上具有一定的普遍性。例如,某个人性情比较急躁,他昨日是这样,今日是这样,明天很可能也是这样。同样,这个人在学习上比较急躁,工作中也是这样,甚至在日常生活和人际交往中也表现出急躁。这就是所谓的人格在时间上的前后一贯性和空间上的普遍性。当然,我们并不排除这个人有时在某种场合偶尔也会表现得比较平稳。人格的相对稳定性也并不意味着它一成不变,我们相信在一个人的一生中,人格都具有可塑性和可变性。

4. 复杂性

人是世界上最复杂的生物,每个人都是一个说不完道不尽的故事主体。从结构上讲,人格由许多复杂的因素构成;从功能上讲,人格处在各种复杂的关系中。因此,人的行为表现出多元化、多层面的特征。

5. 自然性和社会性的综合

人格蕴含人的自然属性和社会文化价值两方面。人格是在个体生活过程中形成的,它在极大程度上受社会文化、教育教养内容和方式的塑造,然而它的基础仍然是个体的神经解剖生理特点。

【知识延伸】

成功人士的个性特征

美国人本主义心理学家马斯洛认为,自我实现是人生最高层次的追求,是人格的最高境界。而能够满足自我、实现需求的人往往具有健全的人格。他列举了近代历史上39位成功的名人,包括富兰克林、林肯、贝多芬等,通过对他们传记和有关资料的研究,归纳出成功人士一般都具有以下特征。

(1) 了解并认识现实,持有较为实际的人生观。

(2) 悦纳自己、别人及周围的世界。

(3) 情绪与思想表达较为自然。

(4) 有较广阔的视野,就事论事,较少考虑个人利害。

(5) 能享受自己的私人生活。

(6) 对平凡事物不觉得厌烦,对日常生活永感新鲜。

(7) 在生命中曾有过引起心灵震荡的高峰体验。

(8) 有至深的知交,有亲密的家人。

(9) 有伦理观念,能区别手段与目标,绝不为达到目的而不择手段。
(10) 带有哲学气质,有幽默感。
(11) 带有创见,不墨守成规。
(12) 对世俗和而不同。
(13) 对生活环境有改进的意愿和能力。

二、人格的形成与发展

人格的形成与发展是由遗传、环境、实践活动和早期经验等多种因素共同作用和影响的。

(一) 遗传的影响

心理学研究表明,遗传是人格形成不可缺少的影响因素,遗传因素对人格的影响随人格特征的不同而不同。通常在智力、气质这些与生物遗传因素相关度较大的特征上,遗传因素更为重要;而在价值观、信念、理想、需要、能力和性格等与社会因素关系紧密的特征上,后天的环境因素更为重要。

(二) 环境的作用

1. 家庭因素

家庭对子女人格的影响主要表现在父母对子女的教育作用上。研究发现,父母教养方式的恰当性会直接影响其子女人格特征的形成。父母在养育孩子的过程中表现出了自己的人格特征,并有意无意地影响和塑造着孩子的人格,形成家庭中的"社会遗传性"。

2. 早期童年经验

研究发现,人格的发展受到早期童年经验的影响较大。幸福的童年有利于儿童的个性健康发展,不幸的童年会引发儿童不良性格的形成。童年时期没有得到母亲照料的孩子,在长大后各方面发展均会受到影响,其中许多孩子患有"失怙性忧郁症",表现为哭泣、退缩、表情木然等症状。对于正常人来说,随着年龄的增长和心理的成熟,其受到童年时期的影响会逐渐减弱。

【心理辞海】

忧郁症

忧郁症是神经官能症的一个症状,它是由于用脑过度、精神紧张、体力劳累所引起的一种机体功能失调性疾病。它包含失眠症、焦虑症、疑病症、恐惧症、强迫症、神经衰弱、神经性呕吐等多种病症。

3. 学校因素

教师、同学和校园文化都是学校教育的元素,教师对学生的人格发展有指导定向作用,其言行举止每时每刻都在影响着学生的心理和行为。同学群体特别是班集体的特点、要求、舆论和评价对学生的人格发展具有弃恶扬善的作用。校园文化对学生人格的发展具有潜移默化的作用。

4. 外部环境因素

外部环境因素主要是指社会文化,社会文化对人格的影响程度受两方面因素的影响：一是社会文化对成员的要求,社会文化对其成员的要求越严格,影响力越大；二是行为的社会意义,个体行为的社会意义越大,其行为受到社会文化的影响越大。比如,我国中原地区的人们生活在一个相对封闭的区域,形成了独特的农业文明。这种农耕生产生活方式主要是靠天吃饭,农耕主要依靠经验积累,而年长的农民要比年轻人更有经验。因此,这里的人形成了服从、尊重长辈的性格特征并养成了保守、不喜冒险的性格特点。

三、人格类型理论

除了探讨人格背后的复杂动因之外,心理学家还从现象层面探讨了人格的维度和类型,以正确描述每个人的人格。

（一）汉斯·艾森克的人格结构理论

心理学家汉斯·艾森克从以下三个维度来描述人格。

1. 外倾性

它表现为内倾、外倾的差异,即内向型/外向型。内向型是指害羞的、被动的、小心谨慎的和独来独往的个体；而外向型是指善于社交的、活泼的、主动的、爱冒险和探索的个体。

2. 神经质

它表现为情绪稳定性的差异。情绪稳定是指个体遇事沉着冷静、适应良好；而情绪不稳定是指个体遇事容易焦虑、紧张和忧郁。

3. 精神质

它表现为孤独、冷酷、敌视、怪异等偏于负面的人格特征,即缺乏同理心,对他人的感受不能感同身受,敏感度低,情感淡漠。

（二）"Ocean"五大因素模型

心理学家麦克雷(McCrae)和科斯塔(Costa)在1987年提出了人格的五大因素,即如下五个人格维度。

1. 开放性(Openness)

开放性高的人富于想象,具有强烈的好奇心,主动寻求变化,对于探索外界信息具有相当强烈的动机；开放性低的人则较为务实,喜欢遵守惯例,愿意顺从常规,对不熟悉的领域不太感兴趣。

2. 尽责性(Conscientiousness)

尽责性高的人比较勤奋,处事谨慎细心,计划周详,守时可靠；尽责性低的人比较随意,较为粗心大意,做事缺乏计划。

3. 外倾性(Extraversion)

外倾性高的人好交际,爱娱乐,感情外倾丰富;外倾性低的人不爱交际,较为严肃,感情也比较含蓄内敛。

4. 宜人性(Agreeableness)

宜人性高的人热心,乐于助人,能信赖他人,也被他人信赖;宜人性低的人则较为冷漠,对人怀疑,不喜欢合作。

5. 神经质(Neuroticism)

神经质得分高的人较易烦恼,有不安全感,容易自怨自艾;神经质得分低的人较为平静,安全感好,自我满意度较高。

将以上五个维度英文的首字母拼在一起就是一个英文单词"ocean",我们的人格世界有时确实不可捉摸,如同海洋。经过众多研究证实后,人格五因素模型已成为使用范围最广的人格类型理论。

第二节　大学生人格问题与调节

【案例引导】

吴雪的哭诉

吴雪长相清秀,从小到大父母对其宠爱有加,上大学前从未做过家务,甚至连自己的衣服、鞋袜都没有洗过。她找到心理老师哭诉:"我在这里一天也待不下去了,天天想家,晚上很难入睡,早上一醒来就非常心烦。上课也无法集中注意力,自习更看不进去书,又怕成绩差被同学笑话,却又不能不看。老师,我觉得自己快要崩溃了,我真的不想念了,我想退学,可是和我爸妈又开不了口。"

通过吴雪的经历,可以看出她从进入大学后就表现出适应不良,存在典型的依赖型人格问题。对于大学生来讲,人格虽然具有稳定性,但面对外界或是自身因素的影响,还是会受到一定的冲击。假设你是吴雪的心理老师,你会如何帮助她呢?你对常见的人格问题或是人格障碍了解多少呢?接下来就让我们一起来学习。

一、大学生常见的人格问题与调节

人格问题是介于正常人格和人格障碍之间的一种人格状态,也可以说是人格发展的不良倾向。大学生常见的人格问题主要有悲观、羞怯、自卑、猜疑、急躁、抑郁、偏执、孤僻、依赖、敏感等,这些都是不健康的心理因素。它们不仅影响活动效率,妨碍正常的人际关系,还会给人蒙上一层消极的、疑难的色彩。接下来介绍几种常见的人格问题与调节方法。

(一)悲观及其调节

有些人遇到不如意的情况时便垂头丧气、怨天尤人、对前途失去信心……这些都是悲观的表现。引起悲观的既有人生态度、意志品质方面的原因,也有认知错误、人格不成熟的因素。有些人则是因为理想破灭、道路坎坷而灰心丧气。

【心理辞海】

悲观主义

悲观主义是一种哲学思想,是一种与乐观主义相对立的消极的人生观。它认为恶是统治世界的决定力量,人生注定遭受灾难和苦恼;善和正义毫无意义,道德的价值只在于灭绝欲望。悲观主义的代表人物有亚瑟·叔本华和托马斯·罗伯特·马尔萨斯。

大学生中有的人常从消极的角度去看问题,总盯着自己的弱点。这实际上是用悲观主义来对待挫折,结果是"帮助"挫折来打击自己,在已有的失败感中又增添新的失败感,就像在伤口上又撒了一把盐。如果纵容这种悲观的心理发展,就会浑浑噩噩、毫无生气甚至厌世轻生。

悲观心理是一种严重的不健康心理,对人身心的危害极大。那么,怎样才能改变悲观,走出情绪低谷,培养乐观的人生态度呢?德国心理学家皮特·劳斯特提出了一些有价值的建议。

(1)越担惊受怕就越遭灾祸。因此,一定要懂得积极态度所带来的力量,要坚信希望和乐观能引导你走向胜利。

(2)即使处境危难,也要寻找积极因素。这样,你就不会放弃争取微小胜利转机的努力。越乐观,克服困难的勇气就越会倍增。

(3)以幽默的态度来接受现实中的失败。有幽默感的人,才有能力轻松地克服厄运,排除随之而来的倒霉念头。

(4)既不要被逆境困扰,也不要幻想出现奇迹,要脚踏实地、坚持不懈,全力以赴去争取胜利。

(5)不管多么严峻的形势向你逼来,你也要发现有利的条件。不久,你就会发现,你到处都能获得一些小的成功。这样,自信心自然也就增大了。

(6)不要把悲观作为保护你失望情绪的缓冲器。乐观是希望之花,能赐给人以力量。

(7)在你的闲暇时间努力接近乐观的人,观察他们的行为,通过观察培养起你的乐观态度,乐观的火种会慢慢地在你内心点燃。

此外,培养多方面的兴趣与爱好,多参加集体活动,多加强体育锻炼,多看幽默剧、相声等给人带来笑声的节目,都有助于培养乐观的性格。

（二）羞怯及其调节

羞怯在大学生中并不少见，如不敢在公众场合发表意见，害怕与陌生人打交道，路上见到异性同学会手足无措，见到老师便难为情，说话感到紧张，等等。一般而言，害羞之心人皆有之，但过分害羞就不正常了。它会阻碍人际交往，影响一个人正常才能的发挥，还会导致压抑、孤独、焦虑等不良心态。

虽然羞怯的人格特征与神经类型有一定的联系，但更多的还是后天因素所致。所以通过有意识地调节是可以改变的。

首先，要对自己做具体分析，找到自己的所长和所短。要发扬所长并补偿不足，特别是要多看到自己的长处以增强信心。

其次，放下思想包袱。事实上，每个人都有怕羞心理，只是有些人善于调节、注意锻炼罢了。金要足赤、人要完人是不可能的。一个人说错话、办错事没什么可怕的，也不必难为情，错了改正就可以了。

再次，不要太在意别人的议论。所谓"众口铄金"，总把别人说的话放在心上，什么也不敢做、不敢说了，寸步难行。只要是自己看准的，就大胆去做。

最后，有意识地锻炼自己。胆量和能力都是锻炼的结果，要敢于说第一句话，敢于迈出第一步。一旦这样做了，会发现自己不仅有能力把事情干好，而且有潜力把事情干得更好。

【心灵鸡汤】

我不口吃

日本前首相田中角荣，是一个口才极佳的人。然而，很多人却不知道他小的时候有过严重的口吃，因为说话磕巴经常被同窗轻视、作弄。但是他在说咒语、唱歌、同妹妹说话时就不口吃，跟自己的狗说话也毫不口吃。可是一旦同长辈说话就莫名其妙地口吃起来，为此，他还读了不少关于矫正口吃的书，但不奏效。再后来，他下意识常常提示自己"我不口吃"，情况才得到改变。后来，他又发现放声唱、放声朗诵对治疗口吃大有好处，因而常到深山训练发大声。

田中角荣认为在舞台上表演，可以快速治口吃，虽然台下观众容易给人造成紧张感，但很有裨益。因为上台不是一般讲话，而是念台词，所以必须事先把要讲的话准备烂熟，还要把剧情和台词融会贯通，这样，演戏就与平常说话有了差异，因为演戏前已经把要说的内容训练了无数遍。

就这样，经由自己有意识地抓住各个机会锻炼，田中角荣不仅治好了口吃，而且口才也突飞猛进。田中角荣的经历告诉我们，口才是能够锻炼出来的，人格也是如此。可以经过后天的努力，把某些人格缺陷矫正过来，从而促进自我更好地成长。

(三) 猜疑及其调节

所谓猜疑,一猜二疑,疑是建立在猜的基础上的,因而往往缺乏事实根据,有时也缺乏合理的思维逻辑。好猜疑的人往往对人对事敏感多疑。看到同学背着自己说话,就疑心是在说自己的坏话;某同学没和自己打招呼,便猜测他(她)对自己有意见。猜疑会导致人际关系紧张、伤害他人感情、无事生非等;自己则会陷入庸人自扰、惶惑的不良心境。有这种不健康人格品质的人应积极寻求矫治。具体方法如下。

（1）当产生猜疑时先不要外露,可留心观察所疑的人和事。若猜疑被证实,不会因此感到震惊;当猜疑不成立时,应打消疑心。由于不曾外露,因此也不会伤害他人。

（2）加强沟通。猜疑常常是由误会或他人搬弄口舌是非引起的,因此碰到这种情况应主动及时和被猜疑者沟通交流,这样有助于消除误会,改善、增进彼此的信任感。

（3）抛弃成见和克服自我暗示,学会全面、发展地看问题,改变封闭式思维方式。

（4）要坦坦荡荡地做人,和同学、朋友坦诚相处,别人如何看自己,不过分在意。相信"日久见人心"。

总之,要克服、摆脱猜疑心理主要是自己做人要正,"身正不怕影子斜";对他人要以宽厚为怀,即使被别人误会,也不必计较;充分驾驭好"语言"这个工具,以便出现误会或彼此不信任、猜疑时,可以通过沟通思想、说明情况消除误会,取得彼此谅解。只有这样,才会生活得愉快。

(四) 急躁及其调节

【案例引导】

孙坚的苦楚

有一次上专业课时,老师正仔细讲着课,同学们也在认真记笔记,孙坚突然把自己桌子踹倒,双眼红肿地离开了教室。同学们都对此感到莫名其妙,老师也十分诧异。

这件事情很快让辅导员知道了,辅导员找到孙坚,问道:"你最近是不是状态不太好?有发生什么事吗?"

孙坚一开始沉默着,低着头,什么也不说。老师就转移了话题,试图能让他放松下来。过了不久,孙坚淡淡说道:"老师,我想退学。"

辅导员诧异地问道:"为什么？你的成绩一直都不错啊,是不是家里发生了什么事情?"

孙坚说:"老师,我……我有点控制不住自己的情绪,觉得特别心烦,对周围的一切都失去了兴趣,我觉得自己太暴躁了,心根本就静不下来。"

辅导员说道:"我带你去看看心理医生吧,他们知道该如何帮助你。"

孙坚虽然不想去,但是没办法,他现在太痛苦了。

通过孙坚的经历,你认为该如何帮助他去调适这种急躁问题呢？让我们一起来学习。

急躁是大学生中常见的不良人格品质,表现为碰到不称心的事情马上激动不安,做事急于达到目的缺乏充分准备就盲目行动,缺乏耐心、细心、恒心。性情急躁之人说话办事快、竞争意识强、容易冲动、感情常常处于紧张状态。在日常生活中具有急躁特点的人为数不少。就像孙坚一样,他容易发怒,控制不了自己的情绪,性格过于急躁,这样既影响自己的健康和效率,又妨碍人际关系。那么,应该怎样克服急躁的缺点呢?

(1) 思先于行。首先要加强自我涵养,自觉养成冷静沉着的习惯。在学习、生活中,对于非原则性问题,尽量避免与人发生矛盾以致激化,把精力用在积极思考上。

(2) 改变行为,细心、认真行事。建议吃饭时间控制在20分钟左右,细嚼慢咽;说话控制语速,想好了再说,不随意打断别人谈话;看书要一字一句细读,边读边想;走路或骑车时有意不超过别人;在工作中改掉冲锋陷阵式的习惯,不着急,有条不紊地做事。

(3) 控制发怒。性格急躁的人容易发怒,应把制怒格言"能忍则自安""退一步则海阔天空"等铭记在心,时刻提醒自己遇事冷静。即使输了,也甘拜下风。

(4) 善用松弛疗法。坚持静养训练,在工作学习之余,常听轻松、幽雅、恬静的音乐,赏花悦心、书画静神,打太极拳、练练气功、闭目养神,使肌肉、神经都处于完全放松状态。

二、大学生常见的人格障碍

人格障碍主要指的是一个人的行为、活动在其所处的环境中被大多数人反对,或是其内心体验中存在由人格特点所引起的持久痛苦。人格障碍也称病态人格、变态人格。人格障碍分为多种类型,常见的人格障碍主要有以下几种。

(一) 偏执型人格障碍

偏执型人格障碍以猜疑和偏执为主要特点,男性多于女性。这种人敏感多疑,常将他人无意的或是友好的行为误解为敌意或轻蔑,过分警惕;这种人心胸狭隘,以过分的自负来维护自尊,常将过错推给他人,总认为自己正确。偏执型人格者很少有自知之明,对自己的偏执行为持否定态度。

【案例引导】

苏果的过分偏执

苏果刚进入大学时,由于同学们之间并不认识,她成绩比较优秀,老师就指定让她暂代班长。但好景不长,由于她和同学们相处一段时间后出现矛盾,她被撤去班长一职。于是,她就怀疑是某个同学在老师面前说她的坏话,嫉妒她的才干,她认为自己受到了排挤和压制,对被撤换班长一事一直耿耿于怀,认为同学与老师这样对她不公平,于是就埋怨和指责老师和同学。后来又常与老师及同学产生矛盾,有时还状告到学院院长那里去,并要求恢复她的班长一职。大家都十分耐心地劝她,苏果总是不等人把话说完,就急于申辩,她把别人的劝慰和好意统统理解为敌视,更不要说从中吸取经验和教训。逐渐地,同学们都疏远了她。

其实苏果的这种表现就属于典型的偏执型人格障碍,苏果并没有自知之明,她认为自己没有错,其实是自己心胸太过狭隘。那么,你又是怎么看的呢?

（二）强迫型人格障碍

强迫型人格障碍以谨小慎微、要求严格和完美主义为主要特点,其中男性患病率高于女性。这类人做任何事情都要求完美无缺、按部就班,有时甚至不惜影响工作效率。他们不但自己这样做,还不合理地要求别人必须严格按照他的方式做事,但又常常不放心别人做事,常有不安全感,对计划会考虑再三,唯恐有任何疏忽。这种人办事常犹豫不决,拖泥带水,并严格按照步骤和规矩执行,中途若被打乱,就重新进行。

（三）回避型人格障碍

回避型人格障碍又称逃避型人格障碍,其最大特征就是心理自卑、行为退缩,面对挑战多采取回避态度或无能对付。这类人因害怕批评和遭到拒绝而回避有较多人际交往的活动,很少与人发展亲密的关系,觉得自己很笨,没有什么吸引力,和别人相比差太多。这种人特别腼腆、怕羞、怕被曝光,缺乏自我认同和价值感。

（四）反社会型人格障碍

反社会型人格障碍主要以行为不符合规范、经常违法乱纪、对人冷酷无情为特点,其中男性多于女性。这种人极端缺乏社会责任感和社会良知,无视社会规范和义务,对他人的感受漠不关心,缺乏正常的友情和亲情。反社会型人格障碍者对挫折承受力较低,常有冲动甚至暴力行为。

【知识延伸】

反社会型人格障碍的发病机制

反社会型人格障碍人群的人格特征明显偏离正常,通常在个人生活风格和人际关系方面具有异常的行为模式。常于童年时期或青少年时期就出现品行问题,并长期持续发展至成年或终生。近年来,反社会型人格障碍的遗传学因素在犯罪学研究中越来越受到关注,已发现这种人格障碍与某些基因的多态性或基因突变存在关联。但人的行为改变绝非单一基因变异所致,重视环境因素尤其是个体早期成长生活的家庭环境,对于反社会型人格障碍的防治尤具积极意义。

总之,人格障碍是影响大学生成长、成才的一个重大因素。每一个大学生都应该从小事做起,及时调整自己的性格发展方向,以最终顺利适应社会,做一个对社会有用的人。

第三节　大学生健全人格的塑造

个性是一个人最大的需要和最大的保障。

——斯宾塞

大学生健全人格的塑造是心理健康教育的重要组成部分。它不仅关系到大学生自身的健康与成才,也关系到社会的发展与进步,关系到现代化建设的进程与质量。因此,当代大学生应自觉地在比较和选择中吸取中西、古今人格的长处,从而形成适合中国现代化发展、有利于个人健康与全面发展的新型人格。

一、健全人格及标准

健全人格就是指各种良好人格特征在个体身上的集中体现。正确理解健全人格,既要把握人格的特征,也要把握人格形成的文化背景。二者是双向的、互动的。因此,构建中国本土化的健全人格模式,必须立足于我国的社会文化背景,考察中国文化背景下的健全人格标准。

综合分析和借鉴国内外健全人格研究的重大理论成果,结合我国传统文化和现实实际,把健全人格的标准归纳为以下几点。

1. 和谐的人际关系

人际关系最能体现一个人人格健康的程度。人格健康的人乐于与他人交往,并与他人建立良好的关系;与人相处时,尊敬、信任等正面态度多于嫉妒、怀疑等消极态度。人格健康的人常常以诚恳、公平、谦虚、宽容的态度尊重他人,同时也受到他人的尊重与接纳。

2. 良好的社会适应能力

社会适应能力反映了人与社会的协调程度。人格健康的人能够和社会保持良好密切的接触,以开放的态度,主动关心社会、了解社会;在认识社会的同时,使自己的思想、行为跟上时代的发展,与社会的要求相符合,能很快适应新的环境。

3. 正确的自我意识

自我意识是个体对自己和自己与他人、与周围世界关系的认识。具有健康人格的人对自己有恰如其分的评价,充满自信、扬长避短,在日常生活中能有效地调节自己的行为,使其与环境保持平衡。

4. 乐观向上的生活态度

积极的人生态度是人类在社会实践中获得的本质力量的表现。乐观的人常常能看到生活的光明面,对前途充满希望和信心,对自己所从事的工作或学习抱有浓厚的兴趣,并在其中发挥自身的智慧和能力。即使在遇到困难和挫折时,也能不畏艰险,勇于拼搏。人格健康的学生对学习怀有浓厚的兴趣,表现出观察敏锐、注意力集中、想象丰富、充满信心、勇于克服困难,通过刻苦、严谨的学习过程,获得学习的满足感和成就感。

5. 良好的情绪调控能力

情绪标志着人格的成熟程度。人格健康的人情绪反应适度,具有很好的调节和控制情绪的能力,经常保持愉快、满意、开朗的心境,并富有幽默感。当消极情绪出现时,能合情合理地宣泄、排解、转移和升华。

【心灵鸡汤】

爱地巴跑圈

在古老的西藏,有一个叫爱地巴的人,每次生气和人起争执的时候,就以很快的速度跑回家去,绕着自己的房子和土地跑3圈,然后坐在田地边喘气。爱地巴工作非常努力,他的房子越来越大,土地也越来越广。但是,不管房子和土地有多大,只要与人争论生气,他还是会绕着房子和土地跑3圈。为何爱地巴每次生气都绕着房子和土地跑3圈?所有认识他的人,心里都起疑惑,但是不管怎么问他,爱地巴都不愿意说明。

直到有一天,爱地巴很老了,他的房子和土地已经很广大,他又因为生气挂着拐杖艰难地绕着土地跟房子走,等他好不容易走完3圈,太阳都下山了。爱地巴独自坐在田边喘气。他的孙子在身边恳求他:"阿公,您已经这么大年纪,这附近地区的人也没有谁的土地比您的更大,您不能再像从前一生气就绕着土地跑啊!您可不可以告诉我为什么您一生气就要绕着自己的土地跑上3圈?"

爱地巴禁不住孙子恳求,终于说出了隐藏在心中多年的秘密。他说:"年轻时,我若和人吵架、争论、生气,就绕着房子和土地跑3圈,一边跑就一边想:我的房子这么小,土地这么小,我哪有时间、哪有资格去跟人家生气?一想到这里,气就消了,于是就把所有时间用来努力工作。"孙子问道:"阿公,你现在这么大年纪,又变成最富有的人,为什么还要绕着房子和土地跑?"爱地巴笑着说:"我现在还是会生气,生气时只能绕着房子和土地走3圈,一边走还一边想:我的房子这么大,土地这么广,我又何必跟人计较?一想到这,气就消了。"

想一想:通过爱地巴跑圈的故事,你学到了什么?你在生活中是如何调控自己的不良情绪的?

健康人格的各个标准都是相关的。"具有体验丰富的情绪并控制情绪表现的人,通常是有能力满足自身基本需要的人,是能紧紧把握现实的人,是获得健康的自我结构的人,是拥有稳定可靠的人际关系的人。"总之,人格健康的人,其各个方面是统一、平衡的。上述标准不仅是衡量一个人人格健康的尺度,也为大学生改善自己的人格提供了具体的努力方向。

二、塑造健全人格的方法

对于大学生健全人格的塑造,一是要适应人格发展的需要,二是要服从社会进步的需要。这是大学生人格塑造的基本原则和指导思想,也是鉴别大学生健全人格塑造效果的尺度。那么,具体方法有哪些呢?

【知识延伸】

马斯洛的健全人格建议

(1) 把自己的感情出口放宽,莫使自己的心胸像个瓶颈。

(2) 在任何情况下,都尝试从积极乐观的角度去看问题,考虑长远的利害关系再做决定。

(3) 对于生活环境中的一切,多欣赏、少抱怨;有不如意之处,设法改善;坐而空谈,不如起而实行。

(4) 设定积极而又可行的人生目标,然后全力以赴以求实现,但不能期望未来的结果一定不会失败。

(5) 对于是非之争辩,只要自己认清真理、正义之所在,纵使违反众意,也要挺身而出,站在正义的一边,坚持到底。

(6) 莫使自己的生活僵化,为自己在思想和行动上留一些空间;偶尔放松一下身心,将有助于自己能力的发挥。

(7) 与人坦诚相处,让别人看到你的长处和短处,也让别人分享你的快乐和痛苦。

(一) 树立正确的世界观、人生观和价值观

世界观、人生观和价值观是个性倾向性的中心内容,是一个人理想信念的基础,是一个人对现实生活中各个方面态度的核心,是调节和控制个人行为的最高层次,直接决定一个人人生道路的方向。大学生作为祖国的未来和希望,正处于三观形成的关键时期。因此,加强对大学生的"三观"教育至关重要。大学生在实际生活中,应该自觉运用马克思主义的基本观点和方法,去看待和分析周围的现实事物,树立正确的世界观、人生观和价值观,夯实健康人格的基础。

(二) 认识自我,优化人格整合

自我意识的觉醒是人格发展的前提,而自我的状态也会影响到人格状态。因此,教育者必须遵循以人为本的教育原则,关心、尊重和理解大学生,充分调动他们的自觉性、积极性和创造性,引导他们加强自我教育与管理,这是促使他们完善自我人格的有效途径。

大学生人格的自我整合包括自我在认知、情感与行为方面的协调与整合,以及潜在自我、现实自我与理想自我的整合。对于大学生来说,优化人格整合,一方面要选择优良的人格特征作为自己努力的目标,另一方面要针对自己人格上的缺陷予以纠正,如自卑、胆怯、抑郁、冷漠、懒惰、自我中心等。

(三)自觉调控情绪

情绪是一种基本的心理过程,对个体的生活、学习、工作有很大的影响。良好的情绪状态是健康人格的重要标志之一。但人不可能永远处于好情绪之中,生活中既然有挫折,有烦恼,就会有消极的情绪。一个心理成熟的人,不是没有消极情绪的人,而是善于调节和控制自己情绪的人。拥有健康人格的大学生,情绪反应适度,具有很好的调节和控制自己情绪的能力,能够经常保持愉快、满意、开朗的心境,并有幽默感。当出现消极情绪时,能合情合理地宣泄、排解。

(四)积极参加实践活动,丰富精神生活

人格健康的个体能够积极参加学习、生活和工作中的各种实践活动,并在活动中展现和发挥自己的潜能,获得一定的学习、工作和能力。他们通常在各种实践活动中有很高的热情,并与自己的能力和谐配合,勇于开拓,有所建树。因此,各高校应针对性地培养学生的实践能力,积极组织学生参加各种活动,使大学生在良好的校园文化实践氛围中接受潜移默化的影响,让学生在实践中了解社会,认识自己、锻炼自己、完善自己,从而不断塑造健全的人格。

(五)提高挫折耐受力

很多大学生虽然有崇高的理想,但缺乏面对失败的勇气;虽然有高涨的激情,却缺乏正确应对挫折的成熟心态。当现实与需求发生较大的偏差时,他们的内心就会产生强烈的挫败感,出现焦虑、彷徨。因此,需要引导大学生正确认识挫折,提高对挫折的耐受力。

【课后思考】

1. 健全的人格具有哪些特征?
2. 通过本章的学习,你认为大学生人格的发展轨迹是怎样的?

【心灵书吧】

《人格解码》

作者:塞缪尔·巴伦德斯
译者:陶红梅
出版社:商务印书馆
出版时间:2013年2月
ISBN:9787100096966
开本:32
包装:精装
内容简介:

《人格解码》是由著名的精神病专家和神经科学家塞缪尔·巴伦德斯为普通读者撰写的人格读本，它为我们提供了有效解读一个人的简洁途径。《人格解码》介绍如何运用当代心理学最为著名的"五大"人格模型、"十大"人格类型以及伦理学的"六大"品格特性，科学而又深刻地剖析你想要了解的一个人的人格特质和类型，快速、准确地读懂一个人。

【影片有约】

《弗兰基与爱丽比》

剧情简介：

　　影片根据真人真事改编。影片故事的主人公是一个患有多重人格分裂症的女人，她有着两种人格，影片讲述了她与自己的另一种人格不断斗争的故事。

　　弗兰基与爱丽丝其实是同一个女人。这个在夜总会里做脱衣舞娘的女人却是一个精神病患者——确切地说，是一个人格分裂者。在正常的情况下，她叫作弗兰基·默多克，她是一个黑人脱衣舞娘，过着简单的生活。但是在人格分裂的时候，她会在心理上变成一个有着严重种族歧视倾向的白人，这个白人叫作爱丽丝。因为自己的人格分裂，弗兰基失去了很多朋友，包括自己的男朋友。这个叫作爱丽丝的白人时时刻刻都在干扰着弗兰基的生活，弗兰基能将其驱逐出自己内心吗？她能得到正常的生活吗？也许只有弗兰基本人才知道该如何去做。

第五章

情绪管理

【引言】

"人有悲欢离合,月有阴晴圆缺。"对于每个人来说,情绪都是其内心的真实反映,情绪始终在悄悄参与我们的思想和行动,影响我们的决策,改变我们的精神状态和行为方式。人生不如意事十之八九。当你满怀好的情绪去处理,往往会带来好的影响,进而带来好的人生;如果你带着不良的情绪去处理,往往会使事情越来越糟,进而产生不可逆转的人生恶果。因此,情绪管理对于大学生的成长来说是至关重要的。本章学习目标如下:

(1)了解情绪的概念及基本形式,对情绪的类型和作用有清晰的认识。

(2)明确大学生的情绪特点,分析大学生常见的情绪困扰,并学会如何调适不良情绪。

(3)掌握管理情绪的策略,认识情绪管理的重要性。

【案例引导】

宋健的表姐

宋健的表姐读大学时,是一个品学兼优的学生,也是一个非常热心于集体活动的人。老师和同学们对她都给予了高度的评价,认为她是一个热情开朗、有能力的人。但是她在考研时,由于没有发挥好,意外地落选了,这一次的失败让即将大学毕业的她对将来的人生之路感到彷徨。她看不清未来的路,而她的男朋友即将要去一个人才云集的大公司,移情别恋也不是没有可能……

当其他同学都主动去投简历、联系工作单位时,宋健的表姐成天躺在床上,闷在宿舍里,无论做什么都提不起精神,甚至天天梦想着时来运转。最后她的同学几乎都找到了工作,而她仍然无所事事,烦恼一天天增加,她感觉自己快要崩溃了。

痛苦之下,表姐给宋健打了个电话。电话里,表姐语气哽咽地说道:"我觉得自己这辈子也就这样了,活着没有任何意义。小健,我真的不知道我还能做什么,不知道未来又该如何是好。"

宋健百般劝说,让表姐去看看学校的心理咨询老师。表姐一开始是有些拒绝的,因为觉得自己平时那么优秀,竟然去看心理医生,这让她接受不了。后来经不住宋健的劝慰,表姐便主动去找了学校的心理老师,并在心理老师的帮助下走出了失败和沮丧的阴影,重新振作起来,终于在第二年的考研中取得优异的成绩。

你在生活或是学习中有相似的经历吗?你是如何看待消极情绪的?下面就来学习与情绪相关的知识。

第一节　情绪概述

愉快的笑声,是精神健康的可靠标志。

——契诃夫

一、什么是情绪

情绪是客观事物与人之间关系的反映。客观事物是情绪的源泉,人的需要是产生情绪的中介。因为客观事物与人的需要之间关系不同,人对客观事物就产生不同的态度,从而产生不同的情绪。凡是能满足人的需要或符合人的愿望的事物,就会引起愉快、喜爱等积极情绪;凡是不能满足人的需要或违背人的愿望的事物,就会引起难过、愤怒等消极情绪;至于那些与人的需要无关的事物,一般不能引起人的情绪。

二、情绪的基本形式

根据情绪发生的强度、持续时间和紧张度,可以将情绪分为心境、激情和应激。

(一) 心境

心境是一种平静、微弱而持久的情绪状态,通常称为心情。舒适愉快、忧心忡忡、忐忑不安等都是心境的不同表现。

心境具有弥散性的特点。即心境不是关于某一事物的特定体验,在它存在的时间里,它会影响人的全部活动,使人的言行举止、心理活动都蒙上一层相应的情绪色彩,并对所有事物都产生同样的态度体验。心境是人们内心世界的背景,使其他事件都染上它的色调,所谓"情哀则景哀,情乐则景乐""忧者见之则忧,喜者见之则喜"等,都是心境弥散性的表现。

心境产生的原因是多种多样的。健康状况的好坏、人际关系的融洽与否、工作进展的成败,甚至生物节律的起伏、自然环境的变化等,都可能成为引起某种心境的原因。但是一个人的心境不是由环境及生理条件机械地决定的,而是与一个人的世界观、人生观、个性特征等密切相关。具有高度修养的人,不论在任何艰苦的情况下,都能保持乐观主义的积极心境;懦弱的人,在失败、挫折面前,就会悲观失望或是畏缩不前。

【心灵鸡汤】

有个朋友乘船前往英国,途中忽然碰到狂风暴雨的袭击。船上的人都惊慌失措,朋友却看到一位老太太非常镇静地在祷告,眼神显得十分安详。风浪过后,朋友十分好奇地问老太太:"你为什么一点都不害怕呢?"老太太说:"我有两个女儿,大女儿戴安娜已经去了天堂,小女儿玛丽亚就住在英国。刚才风浪大作的时候,我就向上帝祷告:'假如接我去天堂,我就去看看戴安娜;假如留我在船上,我就去看玛丽亚。'不管往哪儿,我都可以和我心爱的女儿在一起,我怎么会害怕呢?"

想一想:通过老太太的回答,你学到了什么?

(二)激情

激情是强烈、短暂的爆发式的情绪状态。如果把心境比喻为"和风细雨"式的情绪状态,那么激情则是"暴风骤雨"式的情绪表现。狂喜、暴怒、恐惧等都是激情的表现。激情具有明显的生理变化和外部行为表现,如狂喜时手舞足蹈,悲痛时号啕大哭。激情通常是由重大事件、突如其来的事件或激烈的冲突引起的。

激情具有激动性爆发性和冲动性的特点。激动性是指激情常常伴随着强烈的情绪体验,使人的身体内部突然发生剧烈的变化,人的表情明显外露;爆发性是指整个激情的发生过程十分迅猛,大量心理能量在极短时间内喷薄而出,强度极大;冲动性,是指个体处于激情状态时,往往失去意志对行为的控制。

(三)应激

应激是由出乎意料的紧急情况引起的高度紧张的情绪状态,是人对某种意外环境刺激做出的适应性反应。例如,突然遇到火灾、地震或其他紧急情况,都有可能使人处于应激状态之中。

【心理辞海】

应激障碍症

应激障碍症是指人在心理、生理上不能有效应对各种突如其来的并给人的心理或生理带来重大影响的事件,如战争、火灾、水灾、地震、传染病流行、重大交通事故的发生所导致的各种心理、生理反应。应激障碍症也叫作应激相关障碍,主要包括急性应激反应、创伤后应激障碍、适应障碍三大类。

应激具有超压性和超负荷性。所谓超压性,是指在应激状态下,个体往往会在心理上感觉到超乎寻常的压力。无论是处于危险情境的应激状态,还是处于紧要关头的应激状态,都会由于客观事物的强烈刺激而导致个体承受巨大的心理压力,并集中反映在情绪的紧张维度上。所谓超负荷性,是指在应激状态下,个体必然会在生理上承受超乎平常的负荷,以充分调动体内的各种机能和资源去应付紧急、重大的事变。

应激比激情的激动水平更高、更强烈。应激状态可通过机体生理机能的变化和调节进行适应性的防御,以应对外界突如其来的刺激和高度紧张的环境。经常处于持久的应激状态,会破坏机体的防御机制,使机体的适应能力受到损害,最终导致疾病。

三、情绪的类型

(一) 人类的基本情绪

人的情绪是复杂多样的,对它的分类也众说不一。我国古代有喜、怒、忧、思、悲、恐、惊的七情说。但一般认为有四种基本情绪,即快乐、愤怒、悲哀和恐惧。

快乐是一种目标达到和需要得到满足时产生的情绪体验。目标得以实现,需要得到满足,心理的紧张感得以解除,快乐随之而生。快乐是人类的基本情绪之一,是一种积极的感受。快乐的程度取决于事情的重要程度和目的达到的满意程度。一般把快乐程度分为满意、愉快、异常的欢乐、狂喜。

愤怒是指愿望无法实现或所追求的目标一再受到阻碍时产生的情绪体验。愤怒也有程度上的区别。一般的愿望无法实现时,只会感到不愉快或者生气;但当遇到不合理的阻碍或者破坏因素时,愤怒会急剧爆发。一般把愤怒的程度分为轻微的不满、生气、愠怒、大怒、暴怒等。

悲哀是失去所追求的事物或理想破灭时引起的情绪体验。悲哀的强度取决于失去的事物对个体的重要性和价值。失去的东西价值越大,引起的悲哀也越强烈。一般把悲哀的程度分为遗憾、失望、难过、悲伤、悲痛。

恐惧是企图回避某种危险情景而又无力应付时产生的情绪体验。恐惧的产生不仅仅由于危险情境的存在,而且与个体处理或摆脱可怕情景的力量和能力有关。恐惧具有很强的感染力,一个人恐惧时,往往会引起周围人的不安和恐惧。

【知识延伸】

不同站姿反映的情绪

(1) 弯腰驼背的不振姿态

如果某人很伤心的话,他往往会弯腰驼背,萎靡不振。收拢的双肩是顺从的表现,也是缺乏自信或者很沮丧的标志,也可能意味着此人对你或者你说的话不感兴趣。此人的身体不朝前倾,而是往后退——这是对争吵的一种逃避行为。

(2) 身体前倾的姿态

如果某人身体朝前倾、脖子往前伸的话,可以肯定的是这个人在生气。下颌也可能朝前撅着,双拳紧握着,甚至肌肉都会很紧张,这是一种要进攻的姿势。如果某人走起路来匆匆忙忙,身体朝前俯冲,那么你就可以很快做出判断——此人在生气。

(3) 僵硬的姿势

有着僵硬姿势的人经常在决策观点上很保守,很顽固。他们往往认为一件事情非黑即白,非此即彼,这种人天生就很霸道。他们的神情常常很势利,态度也是那种"我比你强"式的。他们的脖子挺着,是典型的瞧不起人的姿势。他们欣赏整洁和秩序,很难在自己熟悉的环境以外表现得很自如。

(4) 装腔作势的姿势

这样的人很做作,就像在摆造型,而且始终很在意别人是否在注意自己。尽管他们看上去是一副很势利、很傲慢的样子,但其实他们很缺少安全感,很害羞,很自私。他们还很自恋,认为生活就应该以他们为中心的。

(5) 内敛的姿势

别人不喜欢你或者跟你持不同意见时会有很多表现,身体也会这样。首先他们的姿态就会比较内敛,比如,脑袋和上身挺得直直的,同时双手抱着膀子。如果他们是坐着的话,双腿可能交叉在膝盖处。

(二) 社会情绪

社会情绪也称情感,是指与人的社会性需要相联系的情绪反应,表现为一种较为复杂而又稳定的态度体验,如一个人的善恶感、责任感、羞耻感、内疚感、幸福感等。社会情绪是后天随着人的成长而逐步发展和形成的,是在基本情绪上形成和发展起来的,同时又通过基本情绪表现出来。在大学阶段,更多的是建立和形成一个人的社会情绪。

四、情绪的作用

(一) 情绪影响身心健康

现代心理学、生理学和医学的研究成果表明,情绪对人的身心健康具有直接的作用,可以说情绪主宰人的健康。不良的情绪是造成各种疾病的原因之一。我国古代医书《黄帝内经》中就有"怒伤肝,喜伤心,思伤脾,忧伤肺,恐伤肾"的记载。许多心因性疾病与人的情绪失调有关,如溃疡、偏头痛、高血压、哮喘、月经失调等。有些人患癌症也与长期心情压抑有关。

不良的情绪也容易导致心理障碍。大学生中常见的抑郁症、恐惧症、强迫症等,大多与持久的消极情绪有关。相反,积极的情绪则有利于人的身心健康。马克思说过:"一种美好的心情,比十服良药更能解除生理上的疲惫和痛楚。"良好的情绪能使人的免疫系统和体内化学物质处于平衡状态,增强对疾病的抵抗力。许多临床实践都表明,积极开朗的情绪对治愈疾病大有好处。

【知识延伸】

不良情绪与疾病的关系

美国曾公布一项调查结果:约 35% 的人由于生活过度紧张而引起了心脏病、消化系统溃疡和高血压等疾病。几乎所有的神经性消化不良、失眠症、头痛、蛀牙、后天的心脏不适症及部分的胃溃疡、麻痹症等,都是由恐惧、焦虑引起的,或直接与它们有关。

不良情绪可导致躯体、心理的异常反应。它通过人体的感官——眼、耳、鼻、触觉和内在一系列生理反应,如血液中吞噬细胞的吞噬活动、免疫系统等向大脑发出一系列的信息后,大脑经过思维、判断,发出信号给下丘脑、植物神经(自主神经)、周围神经系统及效应器等,植物神经系统也得到信息,交感神经系统兴奋,血糖升高,心跳加快,肾上腺素分泌增加。但人的这种反应能力是有限的。如机体能够得到重新调整,则机体不致出现病变;如不能及时调整,不良情绪强度仍不降低,就会出现进一步病理状况,如肾上腺增大,色深,加上免疫系统功能下降,脾、胸腺、淋巴结等免疫器官变化,就会出现一系列病理性反应,如高血压、糖尿病、冠心病等疾病,也会产生抑郁症等心理障碍。

每当悲痛、愁忧、恐惧时,风湿性关节炎患者都会感到关节剧痛,而待情绪平和稳定后,疼痛则随之缓解。有人调查过初次看牙痛的患者,心理性牙痛约占1/3,他们都有不同程度的精神创伤史。甚至外伤也与心理因素有密切的关系。

此外,据调查,情绪低落、精神萎靡的患者与积极乐观、精神饱满的患者相比,其伤口的愈合要慢得多。正因为心理因素与疾病的关系密切,西方发达国家已经建立了颇为先进的医学心理学,而且正发挥着越来越大的作用。

(二) 情绪影响学习和工作的效率

同样一个人在高兴、愉快、喜悦的情绪状态下,学习、工作的效率肯定比他在忧愁、悲伤、痛苦的情绪状态下的学习、工作的效率高得多。因为积极的情绪能提高机体的活力,使人处于欣喜状态,情绪高涨、活力增强、干劲倍增,从而提高学习和工作的效率。对大学生来说,一般而言,平时情绪稳定、不易过分焦虑的人比那些容易激动、焦虑的人学习成绩好。稳定的情绪可以提高学习效率,而高焦虑情境下的学习效率低下,适中的焦虑程度对大多数人可产生最佳的学习效果。

(三) 情绪影响人际关系

情绪的外部表现是表情,表情具有信号传递作用,属于一种非言语性交际。人们可以凭借一定的表情来传递情感信息和思想愿望。

大学生的情绪表现对其建立和谐的人际关系有着重要的作用和意义。心理学研究发现,在人际交往的过程中,人们往往喜欢那些喜欢自己的人,前者的喜欢似乎是后者喜欢的一种回报。这种现象在现实生活中就表现为当一个大学生对他人表现出热情、真挚、友好的情感时,这种情感通过表情等情绪表达,他人也会给予同样的回报,从而有助于人际关系的发展。

(四) 情绪影响行为目标的实现

情绪是大学生成功的"助燃剂"。关于对成就和成功的看法:悲观者说,当我看见它,我就相信它;乐观者说,当我相信它,我就看见它。就如桌子上的半杯水,乐观者认为是半满,而悲观者则认为是半空。成功道路上的最大敌人其实并不是缺少机会或是资历浅薄,而是对自己情绪的控制。

第二节 大学生的情绪管理

成功者与失败者的最大不同在于,前者是情绪的主人,后者是情绪的奴隶。

——拿破仑·希尔

【案例引导】

张博的经历

宋健的同学张博,平时是一个十分少言寡语的人,但同学们都能够从他冷漠和充满敌意的眼光中,感到此人难以接近。因为张博无论是上课还是去食堂吃饭,都是自己一个人,他不愿意和别人说话。上课时,他总是坐在角落里,低着头,也不听老师讲课。哪怕是回到寝室,他也只是在自己床上看书或是看电影,不和舍友沟通。宋健曾尝试和他说话,可他只是冷淡地回了几句,宋健没有办法,只得草草结束了聊天。

有一天,张博因为一点小事与外班一个学生发生了冲突,竟对外班的同学大打出手,还动用了凶器,致对方伤残,张博因此被开除了学籍。后来经过调查发现,张博在中学时曾受到过校园暴力的伤害,从那以后,他对任何人都抱有敌意。凡是他认为有意伤害他的人,他马上会产生报复的愤怒情绪,以致最终酿成恶果。

你是否也出现过不良情绪呢?对于一些常见的情绪困扰,你会如何调适呢?接下来,让我们一起来学习如何进行情绪管理。

一、大学生的情绪特点

处在青年中期的大学生,心理上正经历着急剧的变化,尤其是在情绪和情感方面。情绪会影响到大学生的学习、生活和健康等各个方面。对于案例中张博这样的大学生来说,只有认识自身情绪发展的特点,才能学会调适不良情绪,促进良好情绪和情感的养成。

(一)情绪的丰富性和狭隘性

进入大学后,学习、生活的环境改变了,视野扩大了,人际交往和信息交流的面拓宽了,这给大学生情绪体验开辟了新的天地。同时,大学生随着自我意识的不断发展,产生了许多新的需要,大学生的情绪活动也变得丰富多彩。但是,大学生的所有情感体验,特别是高级情感的体验尚存在一定的浅薄性和狭隘性。例如,有些大学生对理想、事业的追求仅仅是因为兴趣浓厚,对工作、学习的热情仅仅是为了追求个人荣誉和利益,等等。

(二)情绪的稳定性与波动性

大学生的情绪比中学生稳定。中学生的情绪往往受制于外部的刺激,刺激消失,情绪往往也随之消失,较少有情绪的积累。大学生则不然,他们的情绪一旦被激发,即使刺激消失,由此引起的反应也可以持续相当长的一段时间。这种稳定性给大学生带来了心境化的情绪特点。但是,大学生情绪的稳定性又是相对的,与成年人相比,其情绪的波动性仍很明显,表现为心境变化比较频繁,情绪的起伏性较大。诸如学习成绩的好坏、人际关系的变化、身体健康状况、朋友的来信等都可引起他们的情绪波动,其情绪时而高涨,时而低落,容易从一个极端走向另一个极端。

大学生情绪的波动性与其心理发展尚未成熟密切相关。一方面,大学生的生理变化和社会需求都处在高峰阶段,他们会不断产生各种欲望和社会性需求;另一方面,由于生活阅历和知识经验的局限,大学生对社会的复杂性、对自己的欲望和行为的合理性缺乏深刻的认识,因而容易导致心理上的不平衡,在情绪上就表现出波动性的特点。

【课堂活动】

情绪稳定性测试

情绪稳定是一个人心理健康、成熟的标志。如果你想了解自己情绪的稳定性,不妨完成下面的题目,请按照自己的真实情况将答案填写在每题的括号中。

1. 我有能力克服各种困难(   )
   A. 是的   B. 不一定   C. 不是的
2. 一生中,我一直觉得我能达到所期望的目标(   )
   A. 是的   B. 不一定   C. 不是
3. 我在小学时敬佩的老师,到现在仍令我敬佩(   )
   A. 是的   B. 不一定   C. 不是的
4. 在大街上,我常常避开我不愿意打招呼的人(   )
   A. 极少如此   B. 偶然如此   C. 有时如此
5. 当我聚精会神地欣赏音乐时,如果有人在旁边高谈阔论(   )
   A. 我仍能专心听音乐
   B. 介于A、C之间
   C. 不能专心并感到烦恼
6. 我不论到什么地方,都能清楚地辨别方向(   )
   A. 是的   B. 不一定   C. 不是的
7. 季节气候的变化一般不影响我的情绪(   )
   A. 是的   B. 介于A、C之间   C. 不是的
8. 即使是关在铁笼里的野兽,我见了也会惴惴不安(   )
   A. 是的   B. 不一定   C. 不是的

9. 如果我能到一个新环境,我要(　　)
A. 把生活安排得和从前不一样
B. 不确定
C. 与从前相仿
10. 不知道为什么有些人总是回避或冷淡我(　　)
A. 是的　　　　　　　B. 不一定　　　　　　　C. 不是的
11. 我虽然善意待人,但常常得不到好报(　　)
A. 是的　　　　　　　B. 不一定　　　　　　　C. 不是的
12. 生动的梦境,常常干扰我的睡眠(　　)
A. 经常如此　　　　　B. 偶然如此　　　　　　C. 从不如此

计分方法:

在第1～8题中,数一数,A几个,B几个。在第9～12题中,数一数,A几个,B几个。把1～8题中A的个数乘以2,加上B的个数,再把第9～12题中C的个数乘以2,加上B的个数,然后把两个总数相加就是你的得分。26分为满分。

总分解析:

17～26分:表明你的情绪稳定。

13～16分:表明你的情绪基本稳定,但还有待于进一步提高。

1～12分:表明你的情绪激动,需要通过多种途径学会进一步调节和控制情绪。

(三)情绪的强烈性与细腻性

大学生的情绪具有强烈性、爆发性和冲动性的特点。他们对各种事物比较敏感,遇事容易冲动,或兴奋、激昂,或争吵、反抗,有时盲目狂热,以致做出蠢事、坏事。但是,这种完全失去理智控制的激情状态在大学生的行为中还是极其少见的。随着年龄的增长,大学生心理的稳定性、选择性和亲密性也在增长,其情绪体验又表现出细腻、理智的一面,特别是在同知心朋友、异性同学或敬重的师长交往中,即使有令人不快的情况发生,他们也会冷静对待。

(四)情绪的外显性与内隐性

大学生对外界刺激反应迅速而敏感,喜怒哀乐常形之于色。所以,在一般情况下,情绪的内心体验与外部表现基本一致,情绪呈现出外显性的特点。例如,当所在班级、系或校在文体比赛中获胜时,学生们常欢呼雀跃、欣喜若狂。但是,由于大学生自制力的增强以及思维独立性和自尊心的发展,其情绪的内心体验与外在表现有时并不一致,表现出内隐、文饰的特点。大学生不再像儿童那样天真直爽、心口如一。大学生虽然在心理上存在这种闭锁性,但也存在希望被人理解的强烈愿望,他们的真心话和真情,在遇到知心朋友的时候,也会倾诉和表达出来。

(五)情绪的想象性

大学生的情绪常会有不现实的表现,即具有想象性的特点。例如,由于受环境不适应、学习落后、恋爱挫折或人际关系紧张等各种因素影响,他们常常会陷入某种想象的忧虑,沉湎于负性情绪状态之中,而难以被愉快的情绪取代。这与其情绪心境化的特点密切相关。

【知识延伸】

大学生情绪健康的标准

根据心理成熟的标准,一个情绪健康的大学生应该具备如下八个特点:一是开朗、豁达,遇事不斤斤计较;二是及时、准确、适当地表达自己的主观感受;三是情绪正常、稳定,能承受欢乐与痛苦的考验;四是充满爱心与同情心;五是正确认识自己与他人,人际关系良好;六是对前途充满信心,富有朝气、勇于进取、坚韧不拔;七是善于寻找欢乐、创造欢乐;八是能面对现实、承认现实和接受现实,善于把个人需要与社会需要协调起来。

二、大学生常见的情绪困扰与调适

(一)自卑

自卑是自我情绪体验的一种形式,在心理学上又称为"自我否定",其主要表现为个体对自己的能力、学识、品质等自身因素评价过低。由于学习环境、生活环境的改变,部分大学生由高中时期的"佼佼者"变成大学校园中的"普通一员",这种"地位"的改变是造成部分大学生自卑的重要原因,还有一些学生由于家庭条件差或自身某些不足而自卑。有自卑感的学生由于自我评价过低,导致行为畏缩、瞻前顾后、多愁善感,自尊心极强,过于敏感,严重影响其各方面的正常发展。

【心灵鸡汤】

自卑的章鱼

有一条小章鱼,它时常因为自己丑陋的身躯而感到自卑和伤心。因此,它总是把自己的身体掩藏在海底礁石的缝隙里,不肯跟随妈妈一起去远游。

它羡慕蟹子和扇贝,因为它们有坚硬的盔甲保护自己;它更羡慕鲨鱼和金枪鱼,因为它们有健壮的骨骼和锐利的武器来战胜对手,它们是那么的威猛。

因而,它常常独自躲在礁石的缝隙里哭泣。终于有一天,在妈妈的再三鼓励之下,它答应跟随妈妈一起去远游。它怯怯地游在妈妈的身边,第一次游这么远,它仿佛感觉身边有好多嘲讽的眼神在注视着自己。

当它们游到一处浅滩时,一件意外的事情发生了:一张巨大的渔网将它和众多鱼儿网在里面,任凭它怎么挣扎也无济于事。小章鱼听到了妈妈痛苦的呼喊。随着起网机"隆隆"的声响,它和其他落网的鱼儿被抛撒在船甲板上,跌得晕头转向。

当它清醒过来时,发现身边那些徒劳挣扎的鱼儿们,被渔人装进鱼筐,送入冷冻舱。它趁渔人不注意,悄悄地爬到船舷的一条缝隙旁。

之后,它的身体竟然神奇般地从那条窄窄的缝隙钻了过去。当它跃入大海,安全回到妈妈身边的时候,它才知道自己是多么出色。

想一想:你是否也有过小章鱼这样的自卑感觉?你又是如何调整这种不良情绪的?

要减轻或是避免自卑情绪,大学生可以通过以下几方面进行调节。

(1) 正视自卑

有自卑感的人往往不敢正视自己的自卑,从而也就没有战胜自卑的意识。西方有句谚语"用剑之奥秘,在于眼",意思是只有正视它,才能将其运用自如。

(2) 增强自信

自信是消除自卑的最好方法,因为自信能使自己不断地发现自己各方面的优点,从而满怀信心地去拼搏,使自己获得更大的成功。

(3) 善于补偿

每个人都各有自己的优点和缺点,要全面正确地评价自己。自卑情绪在某些时候可以转化为巨大的动力。

(4) 置身于大众中

自卑者大都会有孤独的感觉,可以主动参加一些群众活动,开阔视野,有助于逐步克服自卑情绪。

(二) 焦虑

焦虑是一种比较复杂的消极情绪现象,是人们对即将发生的某种事件或情境感到担忧和不安,又无法采取有效的措施加以预防和解决时产生的情绪体验。过分的焦虑使人处于无所适从的状态,总是过度担心将要发生的事情,坐立不安,注意力分散,办事效率低下。要消除焦虑,大学生应该做到以下几点。

(1) 放下包袱,轻松上路

容易为焦虑所感困扰的学生常常在头脑中固守着许多不恰当的观念和想法,而且深信不疑,结果使自己像负重行路一样疲惫不堪。因此,需要大学生先丢开或者改变这些观念,放下包袱,才能放松心情,轻松上路。

(2) 当机立断,积极行动

对于正面临选择的大学生来说,解除焦虑感的最好办法就是衡量利弊得失后当断则断、不再犹疑。在面对各种困难时,应勇敢正视并积极行动,认识到每一种选择都有得有失,在行动中体会战胜自我、克服困难的快乐和自信。

(3) 动静结合,身心放松

身心放松可以使人心境安宁、平静,排除各种不良情绪,如烦恼、紧张、忧虑的干扰,有助于减轻和消除焦虑感。当然,也可以在适量的体育锻炼中释放出紧张的情绪,从而使人身心舒畅、精神焕发。

(三) 抑郁

抑郁也是极为复杂的情绪障碍,是正常人以温和方式体验到的、已经作为日常生活一部分的、持久的一种消极情绪状态。当个体感到无法面对外界压力时,常常会产生这种消极情绪。一部分大学生由于不喜欢所学专业,感到前途渺茫,或是由于人际关系处理不当、失恋等问题而过早"看破红尘",导致情绪抑郁。

【知识延伸】

抑郁症的症状,你中了几条?

1. 抑郁心境程度不同,可从轻度心境不佳到忧伤、悲观、绝望。病人感到心情沉重,生活没意思,高兴不起来,郁郁寡欢,度日如年,痛苦难熬,不能自拔。有些病人也会出现焦虑、易激动、紧张不安等症状。

2. 消极悲观。病人内心十分痛苦、悲观、绝望,感到沉重的生活负担,以死求解脱,可产生强烈的自杀念头和行为。

3. 躯体或生物学症状。患有抑郁症的人常有食欲减退、体重减轻、睡眠障碍、性功能低下和心境昼夜波动等生物学症状,但并非每例都出现。

4. 食欲减退、体重减轻。多数患有抑郁症的人都有食欲不振、胃纳差症状,美味佳肴不再具有诱惑力,病人不思茶饭或食之无味,常伴有体重减轻。

5. 睡眠障碍。典型的睡眠障碍是早醒,比平时早2～3小时,醒后不复入睡,陷入悲哀气氛。

6. 丧失兴趣是患有抑郁症的人的常见症状之一。丧失既往生活、工作的热忱和乐趣,对任何事物都兴趣索然。体验不到天伦之乐,对既往爱好不屑一顾,常闭门独居,疏远亲友,回避社交。

7. 精力丧失,疲乏无力,洗漱、着衣等生活小事困难费劲,力不从心。病人常用"精神崩溃""泄气的皮球"来描述自己的状况。

8. 自我评价过低。患有抑郁症的人往往过分贬低自己的能力,以批判、消极和否定的态度看待自己的过去、现在和将来,这也不行,那也不对,把自己说得一无是处,前途一片黑暗。内心出现强烈的自责、内疚、无价值感、无助感,严重时可出现自罪、疑病观念。

注:以上内容非诊断,如有需求,请到医院及时就医。

美国学者卡托尔认为,不同的人会进入不同的抑郁状态,但是他只要遵照以下14项办法,抑郁的症状便会很快消失。因此,大学生可以通过这14项办法来调节抑郁的情绪。

(1) 必须遵守生活秩序,与人约会要准时到达,饮食休闲要按部就班,从稳定规律的生活中领会生活的乐趣。

(2) 留意自己的形象,要保持清洁卫生的好习惯,不穿邋遢的衣服,房间院落也要随时打扫干净。

(3) 即使在抑郁状态下,也绝不放弃自己的学习和工作。

(4) 不得强压怒气,对人对事要宽宏大度。

(5) 主动吸收新知识,"活到老学到老"。

(6) 建立挑战意识,学会主动接受难题,并相信自己能够成功。

(7) 即使是小事,也要采取合乎情理的行动;即使你心情烦闷,仍要特别注意自己的言行,让自己的言行合乎情理。

(8) 对待他人的态度要因人而异。具有抑郁心情的人,对外界每个人的反应、态度几乎相同。

(9) 拓宽自己的兴趣范围。

(10) 不要将自己的生活与他人的生活比较。如果你时常把自己的生活与他人做比较,表示你已经有了潜在的抑郁,应尽快克服。

(11) 最好将日常生活中美好的事记录下来。

(12) 不要掩饰自己的失败。

(13) 必须尝试以前没有做过的事,要积极开辟新的生活园地,使生活更充实。

(14) 与精力旺盛又充满正能量的人交往。

(四) 易怒

心理学的研究表明,在一般情况下,情绪反应都是由大脑皮质决定的。但是美国纽约大学的莱克杜斯通过研究表明,除了情绪通道之外,另有一小络神经元直接自丘脑连接到杏仁核,通过这些狭小通道,杏仁核可直接在大脑皮质尚未做出评价之前抢先做出反应,导致有机体的一时冲动。青春期的大学生内分泌系统处于空前活跃时期,大脑神经过程的抑制和兴奋发展不平衡,内制力较差,容易冲动。易怒是大学生常见的一种消极情绪,有的大学生因为一件小事或一句话激动得暴跳如雷,或出口伤人,甚至动拳脚伤人。

要克服激动易怒的不良情绪,大学生应该做到以下几点。

(1) 加强修养,开阔心胸

大学生应该认识到发怒并不能解决任何问题,只会激化矛盾和招来别人的敌意。只有加强自身修养,以开阔的胸襟宽容、体谅他人,不为小事斤斤计较,才能得到别人的信任、尊重和理解,并建立真诚的友谊。

(2) 冷静克制

在与人发生矛盾、冲突即将动怒时,要用理智和意志控制冲动的情绪,尽量缓解和避免怒气发作。这时可以暂时离开使自己动怒的环境,冷静地商量解决问题,或进行自我暗示,要学会冷静地克制自己的情绪。

(3) 合理疏泄

大学生应学会通过适宜途径合理疏导不良情绪,这十分重要。可以采用与人交谈、写书信、记日记等方式缓解愤怒情绪,还可以在情绪激动时进行剧烈的体育活动或喊叫以宣泄愤怒。但是无论采用哪种方式,都要适度,既不能影响他人,也不能损害自身,更不可危害社会。

三、大学生情绪管理策略

(一) 正确认识自我

心理学认为,自我认识是指对自己的观察,即认识自己的一切,包括自己的生理、心理特征以及自己与他人的关系,如自己的智力、情绪、性格、气质、兴趣爱好、道德观和人生观等。对自我有充分、全面、正确的了解,有利于有效控制和调整自我情绪。

【心灵鸡汤】

驴与佛像

山上的寺院里有一头驴,每天都在磨坊里辛苦拉磨,天长日久,驴渐渐厌倦了这种平淡的生活。它每天都在寻思,要是能出去见见外面的世界,不用拉磨,那该有多好啊!不久,机会终于来了,有个僧人带着驴下山去驮东西,它兴奋不已。

来到山下,僧人把东西放在驴背上,然后牵着它返回寺院。没想到,路上行人看到驴时,都虔诚地跪在两旁,对它顶礼膜拜。一开始,驴大惑不解,不知道人们为何要对自己叩头跪拜,慌忙躲闪。可一路上都是如此,驴不禁飘飘然起来,原来人们如此崇拜我。当它再看见有人路过时,就会趾高气扬地站在马路中间。回到寺院里,驴认为自己身份高贵,死活也不肯拉磨了,只愿意接受人们的跪拜。

僧人无奈,只好放它下山。驴刚下山,就远远看见一伙人敲锣打鼓迎面而来,它心想,一定是人们前来欢迎我,于是大摇大摆地站在马路中间。那是一队迎亲的队伍,却被一头驴拦住了去路,人们愤怒不已,棍棒交加抽打它……

驴仓皇逃回到寺里,奄奄一息,它愤愤不平地告诉僧人:"原来人心险恶啊,第一次下山时,人们对我顶礼膜拜,可是今天他们竟对我狠下毒手。"

僧人叹息一声:"果真是一头蠢驴!那天,人们跪拜的,是你背上驮的佛像,不是你啊!"

人生最大的不幸,就是不认识自己。每天我们都照镜子,但是我们在照的时候,可有问过自己一句话:"你认识自己吗?"看清自己最重要!

(二) 学会情绪归因

对不良情绪进行正确地归因,即从主观和客观两个方面归因。在遇到不顺心的事情时,或是遇到困难和挫折时,既要从自身出发找原因,又要从周边环境的客观世界中寻找原因。只有这样,大学生才能妥善、合理地处理好现实中的困难挫折。

(三) 自我激励法

自我激励是人的精神生活的动力源泉之一,主要是指用生活中的哲理、榜样的事迹或明智的思想观念来激励自己,同各种不良情绪斗争。古人云:知足者常乐。大学生不要总为没有得到的东西而烦恼,相反,要经常想到自己的生活是幸福而充实的,相信凭借自己的意志、能力和奋斗精神,总有一天会得到这些没能得到的东西。这样便能增强自信心,消除自卑感,保持心情舒畅,从而增加获得成功的可能性。

(四)转移调节法

心理学的研究表明,在发生情绪反应时,大脑皮质上会出现一个强烈的兴奋中心。这时,如果另找一些新颖的刺激,引起新的兴奋中心,便可以抵消或冲淡原来的兴奋中心。因此,当某种情绪激动起来时,可以有意识地通过转移问题或做点别的事情,来分散和转移自己的不良情绪。可以鼓励自己多做有意思的工作,或者进行学习、劳动或娱乐,把时间表尽可能排得满一些、紧凑些,或者帮别人做事,这不仅可以使自己忘却烦恼,而且可以体验到自己存在的价值,还可获得珍贵的友谊。

(五)宣泄不良情绪

宣泄不良情绪,就是利用情绪表达适当宣泄,或者找心理咨询师或心理医生进行心理咨询。心理学家们认为,人的情绪处在压抑状态时,应该有节制地发泄出来,即使是畅快地哭一场,也是有利于调节机体平衡的。如能把闷在心里的苦恼倾吐出来,求得别人的疏导和指点,往往能使矛盾迎刃而解。咨询的对象可以是父母、老师、好友等。如果是心理方面的问题,有专门的心理医生咨询当然更好。

【知识延伸】

为了健康,哭出来吧

调查统计发现:有88.8%的人会说,哭出来,让他们心情转好;只有8.4%的人说,哭出来反而让心情更糟。哭,真的可让我们的身体重新恢复力量。

人体会排出三种泪水:第一种是"持续泪水",每眨一次眼睛都会制造出一点点,它能让我们的眼睛保持湿润,对抗外界微物质;第二种泪水叫"反射性泪水",有外物掉进眼睛,亦会自动产生泪水,试图将外物排出;第三种则是我们所熟知的"情绪泪水",因为某种情绪而引发的哭泣。科学家发现,"情绪泪水"虽然也是从泪腺流出,但它的成分竟然和其他种类的泪水不同。它含有较多的蛋白质、锰以及激素,比如肾上腺皮质激素,是人体在紧张、遇到压力时容易产生的物质,太多太少都不好,而泪水就是在帮忙排除这种激素,让其在体内维持平衡。科学家还发现,哭泣的时候,人的皮肤敏感度会增加,呼吸也会较深较沉,这些都是身体在自我调整,让身体恢复到健康的状况。

【课后思考】

1. 情绪的重要性体现在哪些方面?
2. 大学生常见的情绪困扰有哪些?应如何调节自己的不良情绪?

【心灵书吧】

《别让情绪左右你》

作者：牧之
出版社：新世纪出版社
出版时间：2009年4月
ISBN：9787510401923
开本：16
包装：平装
内容简介：

　　本书里没有高深的理论讲解，而是用了近似谈话的方式告诉我们在愤怒时懂得如何制怒和宽容，悲伤时懂得如何转移和发泄，忧愁时懂得如何释放和解脱，焦虑时懂得如何排遣和分散。本书教会我们如何了解自己的情绪、如何控制自己的情绪、如何改变自己的情绪，使我们的人生变得平坦与平顺。

【影片有约】

《国王的演讲》

剧情简介：

　　影片以叙述故事的形式，讲述了英国女王伊丽莎白二世的父亲乔治六世国王——艾伯特的故事。艾伯特因患口吃，无法在公众面前发表演讲。后来艾伯特临危受命，成为乔治六世。他面临的最大挑战就是如何在"二战"前发表鼓舞人心的演讲……

　　本片于第35届多伦多电影节获得了最高荣誉——观众选择奖。在2011年第83届奥斯卡提名名单上，本片获得12项提名，并最终拿到最佳影片、最佳导演、最佳男主角、最佳原创剧本4项大奖。科林·费思凭借本片获得金球奖最佳戏剧片男主角。影片还获得金球奖、美国制片人工会奖等多项提名和奖项。

第六章

压力应对与挫折管理

【引言】

大多数人的人生都不是一帆风顺的,都必然会与各种各样突如其来的压力、挫折、困难等狭路相逢。压力和挫折可以使人振奋精神,发掘潜能,战胜困难,创造辉煌;也可以使人灰心丧气,一蹶不振,甚至精神崩溃,行为失常。大学生承载着社会及家长较高的期望,且自身成长、成才的欲望十分强烈,但由于他们的心理发展尚未完全成熟、稳定,因此他们在前进的道路上必然会面临各种压力和挫折。要想在压力面前不焦虑,在挫折面前不气馁,就需要培养挫折承受能力。本章学习目标如下:

(1) 了解压力的概念及作用,对大学生常见的压力有清晰的认识,在此基础上,学会如何应对压力。

(2) 明确挫折的概念,分析大学生常见的挫折及产生原因,并学会如何管理挫折,让大学生能够健康地成长。

【案例引导】

招聘落榜之后

刘东在大学时学习成绩十分优秀,与同学、老师之间的关系处理得十分融洽,老师和同学们也特别看好他,认为他未来一定会有所成就。刘东也是这么认为的,他的目标就是毕业之后能够进入世界500强公司,并且对自己非常有信心。

因此,刘东毕业后便报考了某家大公司。在公布考试结果前,他就一直失眠、忐忑不安,虽然他认为自己可能被录用,但内心还是很害怕。公布结果时,他却榜上无名。

得知消息后,刘东深感绝望,他觉得自己的人生还没开始就结束了,活着也没有任何意义,顿生轻生之念。然而由于自杀技术欠佳,只在脖子上留下了一道长长的痕记。正当他神昏意迷之际,忽然又传来他被录用的喜讯。原来刘东在考试中夺得了第一名的好成绩,只是在统计时出了差错。就在他把喜讯告知朋友,准备庆祝一番之时,又有消息传来,他被公司解聘了。

刘东觉得自己再次跌入了黑暗,他不明白为什么自己会遭遇这些,更不明白自己到底做错了什么。

通过刘东的案例,你认为公司解聘他的理由是什么?你会如何帮助刘东?你对压力和挫折了解吗?接下来,就让我们一起学习如何应对压力。

第一节 大学生压力应对

> 走上人生的旅途吧,前途很远,也很暗。然而不要怕,不怕的人的面前才有路。
> ——鲁迅

一、压力的概念

压力是指人们在社会适应过程中,对各种困难做出生理和行为反应时产生的一种紧张的心理体验和感受。压力在西方文献中也称为应激(stress)。压力是一般意义上使用的概念,应激则是临床使用的概念。

(一)压力是一种心理感受和体验

这里所说的压力不同于力学范畴中的压力。力学中的压力是实实在在的直接作用,可以测量,并且也容易控制和消除。心理压力则是一种心理感受,同时存在个体差异。压力是心理失衡的结果,来源于内心冲突。就像案例中的刘东,他在遭遇挫折的同时,内心也承受着巨大的压力,这种冲突使得他产生了轻生的想法。心理作为现实的反映,必定将我们日常生活中遇到的各种各样的矛盾,如理想与现实、自我与社会等冲突,引入我们的内心世界,从而引发焦虑、苦恼等情绪体验和感受。

(二)压力是压力源作用的结果

压力虽然是一种体验,但离不开客观刺激——压力源。诸如生活费超支、即将到来的期末考试、毕业后的就业问题等,均可成为大学生的压力源。

【心理辞海】

压力源

压力源又称应激源或紧张源,是指任何能够被个体知觉并产生正性或负性压力反应的事件或内外环境的刺激。

(三)压力反应与主观评价

压力并不直接导致我们的感受和体验,而我们对压力的认识、反应或主观评价,决定了我们的感受和体验。认知与评价机制主要取决于以下因素。

(1)压力源本身的性质与特点

即压力源是单一的还是复合性的,是一般性的还是破坏性的。

(2) 社会支持系统

当个体具有较强的社会支持系统时,他可能感觉压力没什么大不了的,自己可以得到帮助;相反,社会支持系统薄弱的人会很沮丧,有一种独自面对困难的悲伤。

(3) 当事人自身的身心特点

主要包括三个方面:性别、年龄、受教育程度、经济状况、婚姻状况、职业等人口统计学状况;体魄强壮与否等生理状况;认知与归因风格、性格倾向、情绪状态、应对能力与应对风格、人格动力特征、自我概念等心理因素。

【知识延伸】

对压力的再认识

压力在精神上的表现包括消沉、思维混乱、失眠、思想消极、大喊大叫、过度亢奋、神经衰弱、喜怒无常。

什么人耐压强?

同样的事情,对一个人是压力,对另外一个人却可能不是,这是因为性格不同。因为不同性格的人对事情有不同的认知,所以对压力的看法和理解也是不同的。比如说,升职对有些人来说是压力,有些人却认为是理所当然的事情。

有学者提出,一般来说,有较高压力耐受力的人有三个特征:敢于承担义务;期待变化,勇于挑战;有控制感。

以下任何一种症状都表明你正因为压力而遭受痛苦:心跳过重、掌心冰冷或出汗、持续头痛、呼吸短促、胃部不适、恶心或呕吐、腹部疼痛、健忘、脾气不好、肌肉刺痛。

二、压力的作用

在很多人眼中,压力似乎是一个可怕的现象,许多心理问题皆起源于压力。但是我们应该清楚地认识到,压力具有双重性。

(一) 压力的积极作用

适度的压力对提高学习、工作效率,维护身心健康具有积极作用。一般单一性社会压力有益于健康,它使人生活得充实,人生变得有意义,这类压力称为良性压力。事实上,完全没有压力的生活是不可想象的,也是不真实的。

【心灵鸡汤】

感觉剥夺实验

心理学家贝克斯顿等在加拿大的麦克吉尔大学进行了首例感觉剥夺实验研究。他们在付给大学生每天20美元的报酬后,让他们待在缺乏刺激的环境中。具体地说,就是在没有图形知觉(让被试者戴上特制的半透明的塑料眼镜)、限制触觉(手和臂上都套有纸板做的手套和袖头)和听觉(实验在隔音室里进行,用空气调节器的单调嗡嗡声代替其听觉)的环境中,静静地躺在舒适的帆布床上。当时大学生打工一小时大约只能挣50美分,这让很多大学生都跃跃欲试,认为利用这个机会可以好好睡一觉,或者考虑论文、课程计划。但结果却令很多人大跌眼镜:没过几天,志愿者们就纷纷退出。

他们说自己感到非常难受,根本不能进行清晰的思考,哪怕是在很短的时间内注意力都无法集中,思维活动似乎总是"跳来跳去"。更为可怕的是,50%的人出现了幻觉,包括视幻觉、听幻觉和触幻觉。视幻觉如出现光的闪烁;听幻觉表现为似乎听到狗叫声、打字声、滴水声等;触幻觉则表现为感到有冰冷的钢板压在前额和面颊,或感到有人从身体下面把床垫抽走。在过后的几天里,被试者出现注意力涣散、不能明晰地思考、智力测试的成绩不理想等症状。

心理学的研究表明,早期的心理压力是促进儿童成长和发展的必要条件。经受过生活压力的青少年在以后的生活和工作中更容易适应环境,取得成功;反之,早期生活条件太好、没经历过挫折和压力的人,则犹如温室里成长的花朵,经不起生活的风吹雨打。适度的压力和挫折能最大限度地激发个体内在的动力,使人增强聪明才智,激发进取精神,发挥出最佳的状态。

(二) 压力的消极作用

压力过重或压力不足对学习、工作效率具有负面作用,会严重影响人的身心健康。继时性压力和破坏性压力是人们健康的杀手。继时性压力使人处于慢性心理应激状态,时间一久,容易引发一系列的身心症状。病人会产生呼吸困难、容易疲劳、心悸和胸痛等生理症状。此外,还有紧张性头痛、焦虑、抑郁、强迫行为等心理症状。这被称为慢性应激障碍。破坏性压力,比如地震、战争等,则容易使人患上创伤后压力失调或创伤后应激障碍,造成感知、情绪、行为等方面的系列问题。这被称为急性应激障碍。对强大自然灾害后的心理反应则比创伤后压力失调更为严重,会产生灾难症候群。

三、大学生常见的压力及应对措施

(一) 大学生常见的压力

【案例引导】

许如的痛苦

许如在上大学以前没有过集体生活的体验,一切都是由父母料理,她学习成绩很好,老师们也都很喜欢她,当然父母也十分高兴。可上大学后这些优势都不复存在,她发现同学们懂很多东西,会玩、会学、会生活,而自己则像一个不到10岁,缺乏生活常识,觉得自己处处不如人,很孤独、很痛苦、很自卑。尤其是她的3个能说会道的舍友都是闽南人,而她不会说闽南话,不能随时随地加入她们的交流,她感到很孤独、很寂寞,觉得自己万分痛苦,快要发疯了。

大学生活没有想象中的完美无瑕。就像案例中的许如所经历的一样,这种压力使得许如的身心都受到影响。那么,大学生常见的压力还有哪些?

1. 生活压力

生活压力主要与大学新生生活适应、情感生活及人际关系等问题有关。从高中进入大学,大学生所要经历的是一种全新的生活,如环境的变化(气候、饮食、作息时间等)、角色的变化(从中学到大学生、从升学到就业)、生活方式的变化(从依赖到独立)、学习习惯的变化以及人际关系的变化,这些都给大学生带来巨大的挑战,无形中给他们造成了较大的压力。

2. 学习压力

许多学生在进入大学以前,将大学的生活想得较为轻松、自由,认为学习已经不是第一要务。但入学之后,他们发现大学俨然是围城,不仅授课内容繁难,而且作业众多,更有各种评奖评优的指挥棒在鞭策着自己,期末考试、资格考试仍然是令大学生们头疼和郁闷的学业任务。学习方法不当、学习适应不良、目标不明确、动机和意志力缺乏等主观原因,以及父母和老师的高期望、同学之间的激烈竞争和自己的完美主义等,使学习成了负担。学习压力常常表现为考试焦虑、失眠、注意力不集中、记忆力减退等,这些状况恶性循环,影响学习效率。

3. 就业压力

大学生正处于各项生理功能的黄金时期,又是形成人生观和价值观的关键阶段。大学生活对于个人今后发展的重要性不言而喻。大学生由此也产生了一种自己命运掌握在自己手中的压力。另外,社会和家庭的期待,尤其是不切实际的期待,也往往成为大学生心中挥之不去的阴影。自从全国普遍性扩招以来,大学生的就业压力不断增大,各种考证、考级、面试接踵而至。此外,对于一些贫困生来说,经济的压力无时无刻不萦绕在心头。

4. 自我认知的偏差

一个人的自我认知发展水平直接影响个人对待事物的选择方式,即应对各种压力挫折的态度和方式。追求个性、追求卓越是青年大学生的普遍追求,但由于大学时期是自我意识发展的关键时期,大学生的心理尚未完全成熟,往往会出现自我认知的偏差。这就使大学生的整个学习生活受到了影响,进而形成恶性循环,使大学生感觉到压力重重,甚至自暴自弃。

【课堂活动】

你的压力来自哪里

[活动目的]

帮助学生寻找自己的压力来源于何处,以便科学管理和缓解。

［活动方式］

（1）将学生分成若干组,每组成员交流生活和学习中常常遇到的压力有哪些。

（2）每组派一位成员代表汇报,并将压力源分为外来压力和内在压力填写在下面。

（3）请学生审视并分析自己的压力,畅谈感受。

外来压力：

内在压力：

感受：

(二) 压力的应对措施

1. 调整认知方式

当我们承受的压力过大时,往往会钻牛角尖,放大事态的严重性,也低估了自己的应对能力,从而感受到更大的压力。有时,我们会只凭自己的个人感觉,而不是客观存在的事实来判断和推论。有时,我们在受到压力时,习惯性地把所有问题都归咎于别人,全盘放弃对事情的控制,自己再也无法改善现实；或者是独揽所有过错,感到自己很没用。

其实,我们应先看清楚自己的认知是否出现了问题,若有的话,就该深入了解客观现实,然后根据实际情况选择适当的反应。因此,有效缓解压力的第一件事就是认清自己的认知,看看有没有谬误出现。

2. 正确利用心理咨询中心

心理咨询中心能为自己的坏情绪找到合理释放的渠道。其实很多严重的心理问题的产生就是由于一些大学生不愿意将心中的苦闷发泄出来,当苦闷遇到孤僻的时候,也就是严重心理问题滋生的时候。因此,当我们感觉到压力太大,自己无法解决时,可以将自己内心的苦恼与压力向心理老师倾诉。在他们科学的分析和指导下,我们的压力会得到释放,从而从根本上解决我们的问题。

3. 进行适当的体育运动

众所周知,进行体育运动能缓解压力。具体方法为先参加一些运动量小、缓和沉稳的运动项目,如慢跑、打太极拳等,使心情平静下来,然后再逐渐过渡到运动量大的运动。如果压力来源于工作,那么参加一些以集体配合为主的运动,如篮球、排球等。通过这些运动在集体协作、默契配合中享受愉悦、快乐、幸福,使忧烦的心绪得以排解。

4. 正确定位自己,调整自己的学习方法,明确自己的发展方向

了解自己,了解所学专业和未来工作的世界,并在此基础上选择学习方法,同时为选择而努力,是大学生在大学里应该学习的技能。因此,首先要正确认识自己的能力,了解自己最能接受的学习方式,了解专业必需的技能,从而调整自己的学习方法,朝着自己想要的方向发展。

第二节 大学生挫折管理

> 走得最慢的人,只要他不丧失目标,也比漫无目的地徘徊的人走得快。
>
> ——莱辛

【心灵鸡汤】

受挫的饿猫

美国著名心理学家、教育心理学创始人桑代克曾设计了一个迷箱,他把一只饿了一天的猫放进这个迷箱,迷箱外面用猫爱吃的鱼来引诱它。迷箱设计得很巧妙,它的底部有一块踏板,如果猫能踩到这块踏板,迷箱的门就会被打开,饿猫就能逃出迷箱而吃到外面的鱼。假如每次当猫很辛苦地逃出迷箱之后,就一把抓住它而不让它吃到外面的鱼,然后把猫重新送回箱子里面,猫每次的努力都以失败而告终,在这种情景下,猫会出现什么行为呢?

第一种情形,一些猫会一直努力尝试逃出迷箱而去吃外面的鱼,不管它失败了多少次,它总是在下一次还想逃出迷箱,并且这些猫逃出迷箱的时间也越来越短,表现出越挫越勇的样子,成了"坚强猫"。

第二种情形,一些猫出现了自我攻击行为,这些猫会用自己的头猛撞箱的框架,最后弄得自己头破血流,有些猫甚至还会用牙齿咬迷箱。这些猫似乎失去了自我控制,成了"疯狂猫"。

第三种情形,还有一些猫则不再做出任何逃出迷箱的行为,干脆趴在迷箱底部,眼睛带着哀伤的眼泪,看着外面的鱼哀叫。这些猫好像患上了抑郁症一样,变成了"抑郁猫"。

想一想:通过这个饿猫实验,你受到了哪些启示?你在生活中又是如何看待挫折的?

一、挫折定义

挫折是指人们在某种动机的推动下,在实现目标的过程中,遇到了无法克服或自以为无法克服的障碍和干扰,使其动机不能实现,需要不能满足。外在的挫折经验和内在的挫折体验,也是导致心理压力的重要因素。

【心理辞海】

挫折阈

挫折阈是指引起个体产生挫折感的最小刺激量。一般来说,挫折本身的质和量与挫折感的质和量成正比；挫折本身的性质对人来说越严重，人产生的挫折感就越强烈；挫折本身的强度越大，挫折感越强。

挫折是普遍存在的，随时随地都有可能发生，它是生活的一部分，因而在面对挫折时，人们适应挫折、抵抗和应对挫折的能力就显得尤为重要。这种能力就是挫折承受力。挫折承受力包括挫折耐受力和挫折排解力。挫折耐受力是指人们受到挫折时，经得起挫折带来的打击和压力，并能保持心理和行为正常的能力。挫折排解力是指受到挫折后，能对挫折带来的消极因素进行直接的调整和转变，改善挫折情境，并从挫折状态中解脱出来的能力。耐受力是接受现实，能够减轻情绪反应的强度；排解力是改变现状，促使需要的满足和目标得以实现。

二、大学生常见的挫折及产生原因

（一）大学生常见的挫折

1. 适应挫折

当代大学生为了在激烈的高考竞争中取胜，几乎全身心投入学习。从中学到大学的环境发生了改变，离开了长期依赖的家长和老师，面对新的集体、新的生活方式、新的学习特点，一些学生出现了独立与依赖的矛盾。有的学生来到新的环境，面临理想与现实反差较大的情况时，会产生失意、压抑、焦虑等心理症状，甚至出现神经衰弱症。

2. 自我认知失调

社会心理学家费斯廷格指出："一个人对自己的价值，是通过与他人的能力和条件的比较而实现的。"作为象牙塔里的骄子，当代大学生，在中学是学习尖子，老师表扬，家长夸奖，同学羡慕，常常体验的是成功的喜悦，优越感、自豪感油然而生。但到了大学，人才荟萃，有些学生学习方法不适应，失去了原来的学习尖子地位，自尊心受到严重挫伤，少数大学生由自傲走向自卑，信心下降，意志消沉，缺乏进取心。

3. 人际关系挫折

人际关系已成为当代大学生一个敏感的问题，不少人常常处于矛盾之中。有些大学生一方面不愿敞开心扉，自我封闭，另一方面又迫切希望社交，得到友谊，显示自己的力量，这对于沟通不良、有性格缺陷的大学生必然产生难以解除的矛盾。环境的变化，社会思潮的影响，人们交往方式的变化，又会加深这一矛盾。还有极少数学生缺乏社交的基本态度和技能，再加上经验不成熟，从而导致人际关系紧张，陷入孤独境地。

【案例引导】

林洛的恐慌

林洛来自一个偏僻乡村，父母均是农民，母亲积劳成疾，患有多种慢性病，家庭比较贫困，家里还有一个弟弟。她性格内向，不善言语，喜欢独来独往，很少与人交往。但她从小很节俭,从不与同学攀比,学习刻苦,成绩优异。

然而自从上大学之后,她发现以前的生活方式完全不适合大学生活。她想融入班集体,却不知道如何与人交往,不知怎样处理宿舍同学之间、班级同学之间的人际关系,这使她伤透了脑筋。

一年多来,她和班上同学相处得很不融洽,跟同宿舍人曾经发生过几次不小的冲突,关系相当紧张。班上的集体活动她也很少参加,与同学的感情淡漠。她觉得自己没有一个能相互了解、谈得来的知心朋友,常常感到特别孤独和自卑。长期的苦恼和焦虑使她患上了神经衰弱症,经常的失眠和头痛使她精神疲惫、体质下降。她感到十分恐慌,觉得这世界上的所有人都讨厌自己,这种状态使她逐渐对大学生活失去了兴趣,迷失在自己编织的网中,一度出现自暴自弃的现象。

林洛的这种情况就属于人际关系挫折,这是很多大学生都会遇到的问题,也需要每个大学生认真思考该如何解决这个问题。

4. 恋爱挫折

对爱情的渴望也常常折磨着大学生,由于现实因素的限制,很多大学生往往难以得到爱神的垂青。近年来,大学生的恋爱现象越来越具有追求感性和物质化的倾向,加上大学生恋爱动机具有差异、恋爱过程中交流沟通技能欠缺、维持恋爱需要的物质条件不具备等特点,部分大学生也会遭到恋爱挫折。

【案例引导】

曹达的表白被拒

曹达今年读大三,他多才多艺,是校话剧团的骨干,父母又都是高校教师,家境优渥,堪称学校里的"高富帅"。作为校园的"公众人物",自然就少不了有女生向他"抛出绣球",但聪明傲气的他心中早另有目标——话剧社的学妹桃桃。尽管桃桃不喜欢他,明确拒绝了他的"表白",可他仍死缠烂打。

一个寒冷的傍晚,他和桃桃单独在一个偏僻的办公室排戏对念台词,趁着机会他又一次对桃桃表白,但遭到明确的拒绝。绝望的他由爱生恨,一时冲动竟拿起墙脚的一块木板想要拍击桃桃的头部,幸好桃桃反应快,夺门而出哭着向同学求救。而曹达则一个人待在屋子里越想越不知所措,最后竟用随身的军工刀割腕自杀,幸好被及时发现送去医院才抢救过来。

曹达的状态明显就是在恋爱中遇到挫折,被心仪的女生拒绝,出于一时冲动,差点酿成了大错,又因为自己的抗挫折力太差而出现自杀的行为。这也是大学生经常会遇到的问题,应学会理智对待,千万不能因为一时冲动,而做出让自己后悔一生的决定。

5. 择业挫折

随着高等教育分配制度改革的不断深入，一方面市场给大学生带来更多的择业机遇和更大的自由度，但另一方面也增加了择业难度，加重了大学生的行为责任和心理压力。而毕业生自身的素质、性别、专业以及社会关系等又制约着择业的自主权，对于少数大学生来说，甚至毕业就意味着失业。这一变化对性格内向、心理承受力较差、心理适应力弱的大学毕业生来说，是难以解决的现实矛盾。恐惧、焦虑、烦躁打破了他们的心理平衡，使他们心绪抑郁，对生活缺乏信心，对前途失去希望，对处境无能为力，更有甚者觉得生存没有意义。

（二）大学生挫折产生的原因

大学生在追求与实现梦想的过程中，总会受到各种主客观因素的干扰和阻碍，从而产生焦虑和紧张，失去心理平衡，产生失败感和挫折感。引起大学生挫折感的因素主要包括外在、内在两大方面。

1. 大学生挫折感产生的外在因素

（1）自然因素

自然因素是指非人为力量造成的时空限制、自然灾害和各种事故以及人世间的生老病死等，如地震、水灾、意外事故等。当人们亲身经历过这些灾难，并且在灾难中失去亲人或自身造成重大残疾时，会产生巨大的悲痛和恐惧感，所有这些都容易导致挫折心理的产生。一般说来，这种因素引起的挫折，通过社会援助、心理调适和自我调节等途径，可以较好地实现挫折转化。

（2）学校因素

当代大学生绝大多数时间都在学校，他们的校园生活更加丰富多彩，同时也存在许多竞争压力。高考是个优胜劣汰的过程，能够进入高校的大学生都是同龄人中的佼佼者，然而他们进入大学后，学习成绩未必名列前茅，因而他们担心会令父母失望。这样的学习竞争会给大学生带来挫折感。

（3）家庭因素

家庭是每个人出生后最先接触的地方，家长是孩子的第一任教师。因此家庭教育不仅是每个人的基础教育，而且对每个人都具有深远的影响。家庭教育方式是家庭教育中不可忽视的重要方面。一些家长对孩子的学习十分重视，而忽视了对他们道德品质的培养，当孩子犯错误时，只会用打骂的方式来教育孩子。这样只会使大学生从心底产生逆反的心理，甚至不愿意多和父母说一句话。他们觉得父母打骂的教育方式只是因为他们对自己不够重视甚至是讨厌，因而会产生挫折感。

（4）社会因素

社会因素指个体在社会生活中所遭受的政治、经济、道德、宗教、风俗、习惯等人为环境的限制。当前社会处于变革之中。强烈的社会变迁、快节奏的社会生活方式，冲击着大学生的世界观；新旧生活习惯、新旧思想观念的矛盾冲突，动摇着大学生的价值观；不良社会风尚、不健康的思想意识、不文明的大众传播等，影响着大学生的人生观。人际关系紧张、管理方式不当、社会观念落后、社会风气不良等，都可能使个体无法克服而产生挫折感。

【心灵鸡汤】

"大失败者"林肯

一个人人生成功或是失败,是受很多因素影响的,比如下面这个美国人的失败经历。

8岁时,家人被赶出居住的地方,他必须工作谋生。

10岁时,母亲去世。

21岁时,经商失败。

22岁时,角逐州议员落选,工作也丢了,想就读法学院但进不去。

24岁时,向朋友借钱经商再度失败,后来花了17年时间才把债务还清。

26岁时,爱侣去世。

27岁时,精神崩溃,卧床六个月。

29岁时,争取成为州议员发言人没成功。

32岁时,争取成为选举人,失败。

35岁时,参加国会大选,失败。

36岁时,角逐联邦众议员,再度失败。

40岁时,寻求众议员连任,失败。

41岁时,想担任州土地局局长被拒绝。

46岁时,竞选国会参议员,失败。

47岁时,争取副总统提名,落选。

49岁时,再度竞选国会参议员,再度失败。

然而,经历过无数次失败的林肯却在1860年和1864年两次当选美国总统。由此可见,挫折与人生发展是相互伴随的。

想一想:通过林肯的经历,你学到了什么?

2. 引发大学生挫折感产生的内在因素

（1）生理因素

引发大学生产生挫折感的生理因素是指个体与生俱来的身体、容貌、健康状况、生理缺陷等,如身高太矮、体型太胖、长相不佳……这些因生理因素导致的失败都会使大学生产生挫折感。

（2）心理因素

引发大学生挫折感的心理因素主要是指个体的认知、需求、动机、气质、性格等。它导致活动失败,目标无法实现,使人产生挫折感。

【课堂活动】

你的挫折来源于哪里?

请根据下表判断半年以内下列事件是否在你的生活中发生过,在表中相应的"是"或

"否"空格处打钩。

挫折事件	是	否	挫折事件	是	否
1. 被人误会或错怪			2. 受人歧视或冷遇		
3. 考试失败或不理想			4. 与同学或室友发生纠纷		
5. 生活习惯(饮食、休息等)明显变化			6. 不喜欢上学		
7. 恋爱不顺利或失恋			8. 长期远离家人不能团聚		
9. 学习负担重			10. 与老师关系紧张		
11. 本人在这一年里曾患急重病			12. 亲友在这一年里曾患急重病		
13. 亲友死亡			14. 被盗或丢失东西		
15. 当众丢面子			16. 家庭经济困难		
17. 家庭内部有矛盾			18. 预期的评选(如奖学金)落空		
19. 受批评或受处分			20. 转学或受处分		
21. 升学压力			22. 与人打架		
23. 遭父母打骂			24. 家庭给你施加学习压力		
25. 遭遇意外惊吓、事故					

如果第 1、2、4、7、10、15、22 题中有题目选"是",说明人际关系事件是引起挫折感的因素。

如果第 3、6、9、21 题中有题目选"是",说明学业压力是引起挫折感的因素。

如果第 5、8、16、17、23、24 题中有题目选"是",说明生活环境是引起挫折感的因素。

如果第 11、12、13、14、25 题中有题目选"是",说明突发事件是引起挫折感的因素。

如果第 18、19、20 题中有题目选"是",说明能力与期望之间的差距是引起挫折感的因素。

可能引起你挫折感的因素不止一个,哪个因素你选择的题目最多,代表这个因素就是最近这段时间内你的挫折感的主要来源。

三、大学生挫折管理方法

【心灵鸡汤】

康熙大帝在位 60 年之际,特举行"千叟宴"以示庆贺。宴会上,康熙敬了三杯酒。第一杯酒敬孝庄太皇太后,感谢孝庄辅佐他登上皇位,一统江山;第二杯敬众位大臣及天下万民,感谢众臣齐心协力尽忠朝廷,万民俯首农桑,天下昌盛。当康熙端起第三杯酒时说:"这杯酒敬给我的敌人,吴三桂、郑经、噶尔丹还有鳌拜。"众大臣目瞪口呆。康熙接着说:"是他们逼着我建立了丰功伟绩,没有他们就没有今天的我,我感谢他们。"

想一想：这个小故事让你有什么感悟？今后你该如何面对挫折呢？

（一）树立正确的挫折观

在遭遇挫折时许多不理智的反应或是不正确的行动都是源于缺乏对挫折的正确认识，所以大学生要树立正确的挫折观。失败是成功之母，人生不可能一帆风顺，总会经历大大小小的挫折。大学生应懂得挫折是人生中必不可少的一部分，不要刻意躲避挫折，应准确、全面地认识、评价挫折，积极面对挫折。

（二）培养坚强的意志品质

首先要树立远大志向。坚定的信念和远大的理想、抱负，可以激发大学生顽强拼搏的精神。家长应从小引导子女树立积极向上的人生态度，培养他们克服困难、忍受磨难的性格和积极进取的意志品质。其次要勇于挑战困难。大学生可根据自身情况，设定难易适度的困难，并经过自己的努力去克服它，完成自己的既定目标，在克服困难的过程中成长。在与困难不断的斗争中，大学生意志品质得到锻炼，意志力也不断提高，最终达到成功。而对挫折的畏惧和退缩只会增加自己的心理包袱，不利于健康成长。最后，养成反省、自省习惯。培养自我检查、自我反省习惯，了解自己的缺点与不足，并加以改正，有利于培养自己积极自信、自律、严谨负责的良好意志品质。

（三）确定恰当的期望值，淡化动机冲突

一个人有了博大的胸襟、宏远的志向，才会有克服困难、战胜挫折的勇气。大凡知难而退者都是目光短浅、没有远大理想的人。而一个人的挫折感与目标准确与否有密切的关系，强烈的动机冲突则是导致心理挫折的重要原因。过高而不切实际的期望值很容易使人丧失信心和前进的勇气；过低的目标则使人缺乏进取的动力，容易无所事事、无所作为。

因此，为了避免挫折感，大学生要善于调节抱负水平，把目标和要求定得切合实际，以增强取得更大成功的信心；要学会衡量各种限制动机满足的主客观条件，权衡利弊，根据实际情况调整目标，淡化现实与理想的冲突带来的负面影响。这将有助于对挫折进行合理归因，既不过分地将挫折全部归为外部因素，也可避免一味地引咎自责。

（四）积极做好自我调适，主动进行咨询

对于生活中遇到的痛苦，不要一直闷在心里，应当主动向老师、同学或亲友倾诉，争取别人的理解、同情与帮助，这样可以消除紧张心理，恢复心理平衡。处于悲痛之中的人不妨找适当的场合痛痛快快地大哭一场，痛哭可以使悲痛情绪畅快淋漓地宣泄出来，同时流出的眼泪会把情绪紧张或悲伤时体内产生的有害物质带出体外，这对个体的成长是有利的。

心理学研究表明，当人烦恼、犹豫、痛苦时，尤其需要的是他人的理解与疏导。而专门的心理咨询人员都是本领域的专家或经验丰富的咨询员，由他们有针对性地对大学生进行心理疏导，效果明显，加上其保密性强，可以说是相对安全、有效的途径。大学生在自我心理调节不能解决问题时,一定要主动寻求心理咨询专业人员的帮助。

(五)合理运用心理防御机制

在日常生活中,心理防御机制是相当普遍的心理现象。在充满矛盾和曲折的人生路上,如果没有心理防御能力,我们是难以适应环境的。积极的心理防御机制有助于适应挫折、化解困境;而消极的心理防御机制只能起到暂时平衡心理的作用,而不能从根本上解决问题。一般来说,建设性心理防御机制能够发挥个体的主观能动性,减轻或消除个体的心理压力,形成缓冲期。受挫时积累的负向心理能量转换成正向的心理能量后,再做最后尝试,最终实现既定目标。

总之,当大学生在生活中遇到困难或是失败时,可以运用以上几种方法,对挫折进行管理,使自己更加幸福、健康地成长,并最终实现自己的人生价值。

【课后思考】

1. 你是如何看待人生的挫折的?
2. 压力应对和挫折管理的方法有哪些?

【心灵书吧】

《我能让你零压力》

作者:保罗·麦肯纳
译者:尹晓静
出版社:时代文艺出版社
出版时间:2011年12月
ISBN:9787538738445
开本:32
包装:平装
内容简介:

每个人在生活中都面临着一定程度的压力,但不是所有人都能很好地处理这个问题。据统计,人们去看医生的原因中,有50%与压力相关。《我能让你零压力》这本书将帮助你更好地控制压力,从而让你自我感觉更好、生活更加幸福。使用书中提供的方法,你的免疫系统会变得更强健有力,你的耐力会显著增加,并促使你做出更好的决策。最棒的一点是,你的总体生活质量将大大提高!

【影片有约】

《追梦赤子心》

剧情简介：

鲁迪成长在一个普通的家庭，是兄弟几个里个头最小的一个。全家的男人包括父亲都对橄榄球赛极其狂热，他们是圣母大学队的忠实拥趸，电视上的比赛转播他们每场不落。鲁迪也不例外，但当他向全家人宣布立志到圣母大学队打球后，全家人都不以为然。高中毕业前夕，本想去圣母大学的鲁迪却因为成绩不佳无法实现自己的理想。毕业后，他和哥哥弗兰克一样，进入了一家人都在的钢铁厂工作。22岁生日那天，鲁迪的好友送了他一件印有圣母大学字样的外套，并鼓励他去实现自己的梦想，他深受感动。然而好友在钢铁厂的意外死亡让鲁迪受到沉重打击。为了好友，也为了自己的梦想，他抛下了本已谈婚论嫁的女友，毅然踏上了前往圣母大学的火车……

第七章

人际交往

【引言】

人是社会中的人,每个人在社会中生存和发展,都离不开和他人交往。人们通过交往建立一定的人际关系,结成一定的群体。人际交往是人际关系的黏合剂,是整个社会有机联系的链条。对于大学生来说,人际交往能力已经越来越成为衡量其综合能力的一项重要标准。因此,只有处理好人际关系,才能帮助大学生更好地成长并实现自我价值。本章学习目标如下:

(1) 认识人际交往的内涵、特点及分类,让大学生意识到人际交往对于人生发展的重要性。

(2) 了解大学生人际交往的影响因素,对在人际交往中出现的问题进行分析并学会如何培养良好的人际关系,以此来促使大学生健康地成长。

【案例引导】

多年的"心病"

宋健的舍友刘谦从小生活在管教严厉的家庭,很少参与集体活动。父母不喜欢其他小朋友到家里玩,怕把家里搞得乱糟糟的;也不太愿意刘谦与其他小朋友一起玩耍,认为玩野了会影响读书。他们常常让他独自一个人待在家中看书或摆弄玩具。

上学以后,父母怕他"学坏",很少让他与别的同学来往,规定刘谦放学后必须及时回家做作业。进入初中以后,刘谦常感到不自在,怕见到熟人,怕别人对他品头论足。平时老师和同学对他多看一眼,他就会脸红,常会想是衣服没穿好,还是身上哪个地方出毛病了。

有一次,语文老师叫他站起来发言,结果刘谦读错了一个字引起全班同学的哄堂大笑,使他感到无地自容。从此以后,上课时他总是低着头盯着书本,心里最担心的就是老师叫他发言。在路上,如果遇到隔壁邻居,刘谦也尽可能地躲开,实在躲避不掉,就硬着头皮叫一声"大伯"或"大妈"后,再继续埋头往前走。由于受家庭环境的影响,刘谦从小养成了胆小、害羞及内向孤僻的性格,不喜欢热闹的场面,不爱说话。即使与亲人交谈也是吞吞吐吐,在生人面前更是闭口不言。

进入大学后,一直独来独往的刘谦看见同寝室的几个同学每天说说笑笑的,也很想融入集体生活,可是他又担心他们笑话他,他害怕看见别人异样的眼光,于是便远离同学们。宋健刚开始还总是找话题和他聊天,但是时间一长,觉得刘谦太难以接近,对人总是冷冰冰的,便也就沉默了。

假设你是刘谦的朋友,你会如何帮助他?你在与人交往中遇到过类似的问题吗?你是如何解决的?你对人际交往了解吗?接下来,让我们一起来学习吧。

第一节 认识人际交往

当今世界,最成功的人就是那些懂得如何与人相处的人,人际关系是生活中最重要的学问。

——斯坦利·C.艾林

一、人际交往的内涵及特点

(一)人际交往的内涵

【心理辞海】

霍桑效应

霍桑效应(Hawthorne Effect)或称霍索恩效应,是管理学中的一个名词,它是指由于受到额外的关注而引起努力或绩效上升的情况。究其来历,则源于一次失败的管理研究。

霍桑效应起源于1924—1933年的一系列实验研究,其后,乔治·埃尔顿·梅奥(George Elton Mayo)教授持续多年对霍桑实验结果进行研究、分析。霍桑一词源于用于实验的工厂,它是美国西部电气公司坐落在芝加哥的一间工厂的名称。实验最开始研究的是工作条件与生产效率之间的关系,包括外部环境影响条件(如照明强度、湿度)以及心理影响因素(如休息间隔、团队压力、工作时间、管理者的领导力)。人际交往学说也由这一实验产生。

我国古代教育家孔子很早就有了自己的人际交往理论,他认为人类的人际交往的核心是"仁",主张"爱人""博施济众""推己及人"。孔子认为:"己欲立而立人,己欲达而达人。"要想自己站得住,也要帮别人站得住;要想自己事事通,也要帮助别人事事通。

通常所说的人际交往是指人与人之间由于直接交往带来的情感联系,是人与人之间在心理上的关系和心理上的距离。人际关系以一定的群体为背景,是人与人之间在相互交往的基础上,经过认知调节、感情体验、行为交往等手段而形成的,是人们长期交往的结果。在日常生活中,人与人之间由于所处的社会地位和所担负的社会角色不同而形成的不同的社会角色关系,也被称作人际关系,如师生关系、上下级关系、夫妻关系、亲子关系等。

(二)人际交往的特点

人际交往的主要特点包括社会性、复杂性、多重性、多变性和目的性。

1. 社会性

人是社会的产物,社会性是人的本质属性,也是人际交往的基本特点。人作为群居动物,是依靠社会而存在的,社会作为人与人之间交流与沟通的环境,是人际交往的前提条件。随着社会生产力的发展和科学技术的进步,人们的活动范围不断扩大,活动频率逐步增加,活动内容日趋丰富,人际关系的社会属性也不断增强。

2. 复杂性

人际交往的复杂性体现于两个方面:一方面,人际交往是由多方面因素联系起来的,且这些因素均处于不断变化的过程中;另一方面,人际交往还具有高度个性化和以心理活动为基础的特点。因此,在人际交往过程中,由于人们交往的准则和目的不同,交往的结果可出现心理距离的拉近或疏远、情绪状态的积极或消极、交往过程的冲突或和谐、评价态度的满意或不满意等复杂现象。

3. 多重性

所谓多重性,是指人际交往具有多因素和多角色的特点。每个人在社会交往中扮演着不同的角色:一个人可以在病人面前扮演护士角色,在同事面前扮演朋友角色,在丈夫面前扮演妻子角色,在孩子面前扮演母亲角色,等等。在扮演各种角色的同时,又会因物质利益或精神因素而导致角色的强化或减弱。这种集多角色多因素的状况,使人际交往具有多重性。

4. 多变性

人际交往随着年龄、环境、条件的变化而不断发展、变化。每个人在人生发展的各个阶段对人际交往的认识都是不同的。比如在高中阶段,同学及师生之间的交往是较为单纯的,内容是较为单一的;而进入大学后,人际交往就变得复杂起来,带有一定的目的性。当然,由于外部环境的影响,人际交往比之前发生了很大的变化。也由此说明,人际交往具有一定的多变性。

5. 目的性

人际交往在建立和发展过程中,均具有不同程度的目的性。人们在开展人际交往活动之前,会详细考量,为达到自己的目的,在人际交往时会更多地侧重于某一方面。

总之,人与人之间在交流与沟通的过程中,形成了人际交往,人际交往随着外在因素的影响也在不断发生变化。在日常生活中,人与人由于所处的社会地位和所担负的社会角色不同而形成不同的社会角色关系,这些不同的社会角色关系,也构成了人际交往的上述特点。人际交往对于大学生的成长、发展具有重要的影响。

二、人际交往的发展阶段

人生是有限的,我们不可能去广泛地团结每一个人,因此,人际交往的对象都是自觉或是不自觉地经过"高度"选择的。一般来说,良好的人际交往关系的发展,从交往由浅入深的角度来看,需要经过定向、情感探索、感情交流和稳定交往四个阶段。

(一）定向阶段

与人的交往总是从对对方最初的注意开始，这种注意带有很强的选择性，反映个人自身的一些需要倾向，也就是说，只有那些激起我们兴趣的人才会引起我们特别的关注。而后会尝试进行初步的沟通，以确定是否有必要和可能进一步交往。这一阶段人们暴露的自我信息一般都是很表面的东西。

（二）情感探索阶段

双方开始探索在哪些方面可以建立真实的情感联系。随着交往的深入，双方发现有共同的情感领域，沟通也越来越广泛，但带有很大的正式性和掩饰性，时刻注意自己的表现是否符合社会规范，自我暴露的水平仍然不高。

（三）情感交流阶段

双方关系发生质的变化，已经建立起信任感、安全感，有较深的个人情感介入，双方的沟通越来越多地涉及自我深层的方面，相互给予真实的反馈。

（四）稳定交往阶段

双方心理上的相容性进一步增加，情感联系越来越密切，心理上逐渐依恋和融合，彼此的自我暴露更加深刻和广泛，允许对方进入自己内心高度私密的领域。

人生知己难求，在现实生活中，能达到第四阶段的人际关系并不多。这也说明，理想的人际交往关系需要时间来发展，需要用真心、耐心去培养。

三、人际交往的重要性

大学是人生发展的重要阶段。一方面，大学生离开家庭，需要独立地去面对新的生活和环境独立地面对挫折或是挑战；另一方面，大学生正处于特殊的生理心理发展阶段，即从幼稚走向成熟的过渡期，情绪不稳定，容易产生心理矛盾，往往更加渴望和谐的人际关系。所以人际交往对于大学生的成长、发展和成才具有十分重要的作用。

（一）人际交往促进社会角色行为的学习

当你在家的时候，你可能扮演的是孩子或同胞兄弟姐妹的角色；当你身处教室的时候，你扮演的是学生的角色；当你在公司做兼职的时候，你扮演的是职员的角色。通常情况下，你可能没有特别意识到角色的形成及转换。那么，这些社会角色是如何形成的？

婴儿在大人的照料和帮助下，逐步学会与人交往并掌握了社会生活的准则，他就由一个自然人变成了一个社会人，这个过程就叫作社会化。人只有生活在一定的人际关系中，成为社会化的个体，才能具有完整的人格和良好的品性，才能学习社会角色行为。社会化的目的是获得社会角色。每个人都处在角色网络中，都要进行人际交往。一个人的言行如果和自己的社会角色不符，在社会生活中将很难被人接纳。

【心理辞海】

社会角色

社会角色是在社会系统中与一定社会位置相关联的符合社会要求的一套个人行为模式,也可以理解为个体在社会群体中被赋予的身份及该身份应发挥的功能。

（二）人际交往促进心理健康

离开了人群的人,就会变成一只野兽。为了生存与发展,一个社会人不仅需要合群,还需要通过人际交往去满足身心健康的需要。

相关研究表明,心理健康水平高的"自我实现者",都可以很好地接纳别人,同别人的关系也比一般人要深刻。他们对别人有更强烈、更深刻的友谊和更崇高的爱。建立了良好人际交往关系的人,就会产生心理安全感,对人更加信任宽容。具有归属感的人更容易从朋友中得到理解和支持,特别是情绪不好的时候有人倾听,这对于心理健康有积极作用。爱的获取与给予更是离不开人际交往。

【心灵鸡汤】

学会倾听

有一天,猫妈妈把小猫叫来,说:"你已经长大了,三天之后就不能再喝妈妈的奶,要自己去找东西吃了。"小猫惶惑地问妈妈:"妈妈,那我该吃什么东西呢?"

猫妈妈说:"你要吃什么食物,妈妈一时也说不清楚,就用我们祖先留下的方法吧!这几天夜里,你躲在人们的屋顶上、梁柱间、陶罐边,仔细倾听人们的谈话,他们自然会教你的!"

一天晚上,小猫躲在梁柱间,听到一个大人对孩子说:"小宝,把鱼和牛奶放在冰箱里,小猫最爱吃鱼和牛奶了。"

第二天晚上,小猫躲在陶罐边,听见一个女人对男人说:"老公,把香肠和腊肉挂在梁上,小鸡关好,别让小猫偷吃了。"

第三天晚上,小猫躲在屋顶上,从窗户看到一个妇人叨念着自己的孩子:"奶酪、肉松、鱼干吃剩了,也不知道收好,小猫鼻子很灵,明天你就没得吃了。"

就这样,小猫每天都很开心,它回家告诉妈妈:"妈妈,果然像您说的一样,只要我仔细倾听,人们每天都会教我该吃什么。"

想一想:你在与人交往时,会主动倾听朋友或是家人的心声吗?你是如何做的呢?

（三）人际交往促进信息交流与互补

人际交往包括人们之间一切的互动过程。其中,信息沟通是重要内容,即人与人之间诸如情感、意向、思想、价值观等方面的理解与沟通。人与人之间的接触与交往，不仅仅是相互间的关系，更重要的是信息的交流。个人对客观世界的认识、兴趣、经验和体会，往往在交往中自觉或不自觉地流露和表达出来，并传递给周围的人。在当今的信息时代，大学生在交往过程中获得的信息，对其学习、生活都会起到积极的作用。他们在交往中形成良好的心理共振，可以产生激励作用，使同学间彼此团结，培养健康的情绪，养成文明的习惯，一起把精力放在学业上，促进彼此的共同成长。

（四）人际交往促进心理品质的形成和经验的获得

一个人的心理品质是在人际交往中形成、巩固和强化起来的，一个人的交往能力和技巧同样是在与人交往中学习和发展起来的。人际交往是一门很复杂、很重要的学问和修养。不论你将来从事什么职业，都必须和人打交道。为人处世的学问是在与人交往过程中学会的。在现实生活中，我们常常看到，好的人际关系、和谐的人际交往，一定会对团队中的成员起到向心的作用，产生积极向上的影响，而且每个成员在人际互动中学会了相互理解、接纳和包容。这些经验的取得对大学生将来就业、发展影响深远。

（五）人际交往是自我的一面镜子

人际交往是个体社会化的过程，也是自我认知、自我评价的必经之路。个体从与他人交往中认识自我，从与他人比较中认识自我，这就是我们常说的"以人为镜"。"以人为镜"的实质就是"自知"。自知是对自己的生理特征、心理特征、社会活动以及人际关系等的认识，这种认识将随着年龄和实践的增长而不断提高和完善。自知是自我评价和自我完善的关键。

第二节 大学生人际交往技巧

【案例引导】

程佳难受的根源

程佳宿舍本来是四个人，王琴由于一些自身原因，在学校外面租房子住，宿舍就剩下程佳、张丹和李美丽三个人。刚开始她们关系不错，在一起时有说有笑，而程佳和张丹的关系尤为亲密。但不知道什么原因，张丹突然对程佳疏远起来，并刻意拉拢李美丽。三个人都在的时候，张丹只和李美丽说话，对程佳爱理不理。当张丹和程佳在一起时，张丹绝对不会主动跟程佳说话，最多问一句答一句，无视她的存在。三个人在一起时，程佳总觉得自己被排挤在外，心里很不痛快。而李美丽却泰然自若地享受着另外两个人关注的"礼遇"。

以前大家还算融洽的时候，程佳也像李美丽一样充当他人的"棋子"，一度和张丹走得很近。但后来程佳觉得这样做不行，大家都是同学，要互相友爱。于是程佳就在中间积极充当调和者,希望可以使大家和谐相处,她自认为这样做是很正确的行为。但是她现在成了被排挤的对象,心里很难受,觉得自己之前做的事情白费了,甚至同时对张丹和李美丽心生怨恨。

假设你是程佳的朋友,该如何帮助她解决这一问题?你认为影响人际交往的因素有哪些?让我们一起来学习吧。

一、影响大学生人际交往的因素

人际关系是人们在生产生活中建立的一种社会关系,是人与人之间通过动态相互作用形成的情感联系,是通过交往形成的心理关系。这种社会关系会对人们的心理产生影响,在人们的心中产生某种距离感。大学生正处在校园与社会之间的过渡阶段,既接受着校园内单纯的人际交往,也掺杂着社会化的人际关系。因此,影响大学生人际交往的因素是多方面的,主要包括内因与外因两个方面。

(一)内在因素

1. 认知因素

认知因素,首先是对自己的认知,对自己的自我评价与人际交往中的自我表现有一定的认识;其次是对他人的认知。交往的过程是双方满足彼此需要的过程,如果只考虑自己的满足而忽视对方的需要,就会引起一系列的交往问题。

2. 情绪因素

在人际交往中的情绪表现应是适时适度的,应当与引起情绪的原因及情境相称,并随客观情况的变化而变化。情绪反应过分强烈,不分场合和对象,恣意纵情,会给人轻浮不实的感觉;情绪反应过于冷漠,对喜怒哀乐之事无动于衷,则会被认为麻木、冷酷、无情。这些不良的情绪反应都会对人际交往产生一定的影响。

3. 心理因素

在人际交往中,心理因素有至关重要的作用。不良的心理特征容易给人以不良评价、不愉快的感受乃至一种危险感,从而会影响人际交往。如上述案例中的程佳,由于寝室人际交往出现了问题,程佳的心理受到了一定的影响,她开始怨恨起其他两个舍友,觉得自己之前做的一切努力都白费了,这使她产生了一种不愉快的感受。这种不愉快的感受如果能够及时排解,那么程佳在人际交往中就积累了一些经验,对自己今后的发展也会产生积极的影响;若是没有及时排解,则会对程佳的人际交往产生消极影响。

【知识延伸】

十大不良心理因素

(1)为人虚伪。做人假惺惺,做什么事情都很做作,想故意表现自己,给人一种不真实的感觉。与这种人交往,会让人们感觉没有安全感。

(2) 自私自利。这种人只关心自己的需要,不关心他人,不会为他人考虑。人们在与这种人交往时会经常感觉到精神上、物质上受损,内心感觉不到平衡。

(3) 不尊重人。要面子,自尊心强,为了顾及自己的利益,不顾及他人颜面,言语上故意诋毁他人,行动上故意伤害他人。与这种人交往,易被挫伤自尊心。

(4) 心胸狭隘。这种人有一点点小事也会怀恨在心,并伺机报复,以求达到内心的平衡。与这种人交往,常使人担心稍有不慎就会遭到报复,感到心理紧张。

(5) 嫉妒心强。对名誉、金钱、地位比自己好的人心怀怨恨,对比自己强的人都有一种敌视的态度。与这种人交往,易使人感到自己被排挤、被剥夺,从而感到不安全。

(6) 猜疑心重。每天疑神疑鬼,经常怀疑他人,对任何事都不信任。这种人常令人在交往中感到冤枉委屈,难以从内心接近。

(7) 苛求于人。对别人要求很高,想要十全十美的朋友,对别人的缺点总是挑剔。与这种人交往易使人感到紧张和压抑,并易使自尊心受挫。

(8) 过分自卑。过于羞怯,对任何事情都没有信心,害怕、恐惧、紧张,导致其在人际交往中得不到锻炼。这种人常感觉自己无能,与此种人交往使人感到负担、沉闷。

(9) 骄傲自满。自高自大,认为别人都没有自己强,自己是最厉害的,不把别人放在眼里,经常使人感到威胁或难以信任。

(10) 孤独固执。内心孤独,不想与别人交往,自暴自弃,偏执己见,看破红尘,不听取别人的见解,自我防御心理太强,难以与他人相互影响,使人感到交往无效或交往很累。

4. 能力因素

人际交往能力的欠缺是影响人际交往的另一因素,而对有些大学生来说,则是影响其人际交往的主要原因。这些同学想关心他人,但不知从何做起;想赞美他人,可不知道怎么开口或词不达意;交友的愿望强烈,然而总感到没有机会;想调解他人的矛盾,没想到好心办了坏事;在交往中想表现自己,却出尽洋相;内心想表示温柔,言语却十分生硬。这种人就要平时多与人接触,在不断接触的过程中,自然而然地就会掌握一定的交往技巧。

(二) 外在因素

1. 家庭因素

不同的家庭结构导致大学生得到的爱不一样,对家庭的依赖程度、对人的信任度和与父母的感情程度也不同。父母的受教育程度、家庭的熏陶、父母家人对子女教育的态度与精力投入,也影响着大学生与他人的人际交往。

2. 社会因素

社会经济发展水平、人们的生活方式及价值观念、社会风气、道德风尚等都直接或间接地影响着人们的人际交往。一般来说,社会经济文化繁荣,人民生活富足,社会风气好,人际关系就密切;相反,如果社会动荡,人心不稳,金钱至上,道德沦丧,则人际关系恶化。

总之,建立良好的人际关系,对当代大学生的学习与生活至关重要,也决定着大学生进入社会后能否适应社会发展,实现自己的人生价值。

二、大学生人际交往的问题与调适

【案例引导】

刘冰的孤独

宋健的同学刘冰家境贫困,上大学前没用过智能手机,也很少上网。因为来自外省,刚跨入大学校门的刘冰没有朋友,因此,他想尽快和班级同学熟悉,建立自己的交往圈子。正当刘冰跃跃欲试之时,却发现与原来高中班级不同的是大学班级同学在课余时间基本上都对着自己的手机,在QQ群、微信群等进行线上交流。刘冰很不习惯这种交流方式,也曾试着融入线上的网络交流,但是又觉得线上的有效交流很少,觉得这些群都很"水"。慢慢地,刘冰发现自己与班级同学格格不入,班级同学谈论的话题,他总是插不上话,常因他得不到及时的信息而错过班级活动,在班级各种组队活动中他往往是被遗忘的那个。刘冰觉得很孤单和苦恼,不知该如何与同学们交流及沟通。

刘冰的这种状态,是很多大学生都可能会遇到的人际交往问题,在与同学交往过程中,出现了一种孤独感,觉得自己得不到理解。那么该如何解决这种问题呢?让我们一起来学习一下。

人际交往是一种非常复杂的动态过程,良好的人际关系像春雨甘露一样滋润着大学生的心灵,使之健康快乐地成长。大学生普遍渴望与他人交往,渴望得到友谊。但是许多同学常常因为不能如愿而产生挫败感。在生活中,大学生经常会遇到以下心理困扰。

(一)孤独心理

孤独是情感得不到理解、同情、关爱和支持的心理状态,是与别人缺乏心灵上的沟通,缺少友情、爱情和亲情的综合表现。大学生存在的孤独心理基本上是暂时的。十多年来,大学生第一次真正离开了父母,离开了中学的尊师好友,来到一个陌生的城市,就像案例中的刘冰一样,没有新朋友可以倾诉心事,因此感到孤独。他们虽然每天接触很多人,置身于群体之中,但由于缺乏心灵上的沟通,他们无法将自己的苦闷倾诉,更容易将自己封闭起来,从而加深了孤独的感觉。那对于大学生来说,该如何摆脱孤独心理呢?

1. 正确地评价自我,通过改变自我,使别人愿意接近自己

人的自我评价和孤独状态是互为因果关系的。自我评价低的人不敢进行正常的社交活动,他们怕遭到拒绝,从而陷入了孤独,而孤独反过来又导致了更低的自我评价。孤独者应对自己进行一番冷静、客观、合理的估计,特别要留意发现自身的一些长处,以增强自信。在与人交往时,如果不知道说什么好,先从每天早上见面打招呼做起。对人亲切正是消除孤独的第一步。

2. 注意培养自己生活的乐趣或参加一些公益活动，引发新的追求

经常抽出一点时间主动接触别人，逐渐改变自己封闭的生活方式。平时有意识地参加一些群体活动，就会发现许多有趣的事和人，在不知不觉中与他人融为一体。

3. 适当变换环境，摒弃离群索居导致的独处，避免滋生惰性

可以到新的环境接受具有挑战性的工作，这样能激发人的潜能与活力。要善于随环境的变化而变换自己的心境，使自己始终保持健康向上的心态。

(二) 嫉妒心理

嫉妒是对与自己有联系的且比自己能力强的人的一种不服、不悦、失落，甚至带有某种破坏性的危险情感，是通过与他人比较而产生的一种消极的心理品质。有的大学生在人际交往中嫉贤妒能，对别人的长处或取得的成绩心怀不满，讽刺、挖苦、中伤、诋毁，甚至攻击、破坏，所以嫉妒容易引发人际冲突和交往障碍。

【心灵鸡汤】

嫉妒的国王

从前，有个人名叫拉末儿，大家都称赞他是世界上最慷慨的人。这话传到国王耳中，他非常嫉妒，心想：我是一国之君，对百姓一向慷慨，却没有人像称赞拉末儿一样称赞我，真是太不公平了！

国王听说拉末儿有一匹千里马，为了试试他是不是真的慷慨，就派了几个卫士去向他要这匹马。卫士们扮成过路人来到拉末儿家，并要求拉末儿热情款待了他们，还留他们住了一宿。第二天，卫士们对拉末儿表明了身份，说："我们奉国王的命令，来向你要一匹千里马。"拉末儿一听，难过得流下了眼泪。卫士们以为他舍不得，不料拉末儿抱歉地说："太遗憾了，我不能把千里马送给国王，因为昨天我家正好没有吃的了，为了招待你们，我把千里马杀了，请各位吃了。"

卫士们回去后向国王禀告了事情经过，都称赞拉末儿慷慨。国王听后更加嫉妒了，就派了一个杀手去刺杀拉末儿，并要求把拉末儿的脑袋带回来。

杀手来到拉末儿住的村子时，天已经很黑了。杀手找不到拉末儿的家，只好先随便找个人家先过一夜。那户人家热情地招待了他，让他睡在温暖的床上，主人自己却睡在了地上。第二天一早，杀手对主人说："我奉了国王的命令，来砍下拉末儿的脑袋，你能告诉我他住在哪儿吗？"

主人听了，一句话也没说就走进厨房，拿出一把亮闪闪的长刀，交给杀手，说："我就是你要杀的人，请你砍下我的头，拿回去交给国王吧。"说着弯下腰，把脖子伸了出来。杀手看呆了，他怎么忍心杀死这么慷慨的好人呢？他怀着敬意告别了拉末儿，回去如实向国王禀告了经过。

国王听后大为震动，他后悔地说："我自认为慷慨，但要我把自己的脑袋送给别人，我是绝对做不到的。我确实不如拉末儿啊！"从此，他打消了杀拉末儿的念头。

想一想:通过这个小故事,你收获了什么? 当你产生嫉妒心理时,你会如何去调整呢?

要消除嫉妒心理,需要掌握一定的方法。

1. 树立正确的人生观和远大理想

嫉妒心理产生的根源就是个人主义思想在作祟。个人主义思想严重的人对利益斤斤计较,容不得他人超越自己。有嫉妒心理的人一般心胸都较为狭窄、心境阴暗。有嫉妒心理的大学生应加强道德修养,克服个人主义思想,要树立远大理想,多做对他人、对社会有益的事情,这是根除嫉妒的重要方法。

2. 学会将消极的嫉妒心理转化为积极的进步动力

将压力变为动力,将嫉妒对象的强项作为自己的努力目标,制定出切实可行的赶超计划,然后通过自身的努力,一步步缩小差距;而对于那些自己无法改变的缺陷(如身高、容貌等),则要勇敢地正视它、接纳它,尽量不去与别人相比,不要自寻烦恼去嫉妒别人。

3. 加强沟通

嫉妒常常产生于相互缺乏理解、彼此又缺乏感情的人的中间。因此,双方相互主动接近,加强沟通、合作,互帮互助,增进感情,将心比心,多换位思考,设身处地为别人着想,就会逐渐消除嫉妒。这种宽大的胸怀会给你带来友谊,别人也会以同样的方式对待你的。

(三) 猜疑心理

猜疑心理,是一种完全由主观猜测产生的不信任心理,是一种负性的心理反应。猜疑心理产生的原因主要是错误的认知方式、不合理的归因、缺乏自我安全感、不恰当的心理防御。爱猜疑的人在与人交往时会过于敏感,需要通过合适的办法加以控制。具体可采用以下几种方法。

1. 及时沟通,解除疑惑

世界上没有不被误会的人,关键是要有消除误会的能力和办法。如果误会得不到尽快解除,就会发展为猜疑。所以加强与被怀疑对象的沟通非常必要。同被疑者开诚布公地谈一谈,若是有误会,可以及时消除;若是看法不同,通过心平气和的讨论也有可能在冲突发生之前解决事情。

2. 培养自信心

猜疑大多是由缺乏自信心导致的。每个人都应当看到自己的长处,相信自己会与周围的人处理好人际关系,会给别人留下良好的印象。这样,当我们充满信心地工作和生活时,就不用担心自己的行为,也不会"小心眼"了。

3. 学会大智若愚

在一些生活细节上不必斤斤计较,不要在意别人的议论,可以糊涂些,这样就可以避免自寻烦恼。

(四) 恐惧心理

【心理辞海】

恐惧心理

恐惧心理是指对某些事物或特殊情境产生比较强烈的害怕情绪。恐惧心理出现时，明明知道没必要那样恐惧，就是不能自我控制，严重时还伴有烦躁不安、焦虑、呼吸急促、头昏、恶心、呕吐，甚至休克等生理症状。

一般情况下，大学生在与陌生人交往时，多少会存在一些害怕、担心甚至恐惧心理，但这并不影响正常交往。社会交往时，恐惧心理过强则会妨碍与他人的交往，影响人际关系的建立和个性的健康发展，容易导致沮丧、抑郁等不良情绪，使人出现软弱、回避交往等表现。严重的社会交往恐惧心理则会发展成社交恐惧症。

恐惧心理的调适可从以下几方面入手。

1. 分析恐惧心理产生的原因

由于社会交往中恐惧心理的产生原因很多，在确定调适方式前，首先要分析自己恐惧心理产生的原因，明确了原因后，就能相应地缓解恐惧心理。你会发现那些让你恐惧的东西并不具有威胁性的力量，如害怕别人嘲笑、担心失礼等，这些并不十分重要，而且是每个人在交往中都可能出现的问题。

2. 正确认识自己，增强自信心

对人际交往中恐惧心理的调适，关键在于对自己有正确的认识，树立起对自己的信心，消除自卑。我们没必要要求自己事事得体、处处大方，让所有人满意。在交往中出现失误，遭到别人的拒绝甚至嘲笑、讥讽等都是正常现象，人人都可能遇到。

3. 积极自我暗示

在交往过程中，出现恐惧情绪时，可以对自己进行积极的心理暗示，如告诉自己"天生我材必有用"，用这种自我暗示不断提醒自己，逐步摆脱过于在乎他人评价的思维方式。

4. 积极参加社会交往

有恐惧心理的大学生往往回避与他人交往。其实，越是回避，恐惧心理越会加重。因此，可以经常进行自我脱敏训练，逐渐提高敏感的阈值，直至不再紧张。只有积极与他人交往，才能掌握交往技能，获得处理交往中遇到的棘手问题的经验，增强自己的社会适应能力。

三、大学生良好人际关系的培养

如何提高个人的人际魅力，保持良好的人际关系状态，这是每个大学生都值得思考的问题。良好的人际交往和沟通能力不是与生俱来的，它需要在社会交往实践中不断学习、锻炼和提高。具体方法如下。

（一）提高自身的人际魅力

在社会交往中，个体的知识水平与涵养直接影响着交往的效果，良好的社交形象会给对方留下深刻的印象，随着交往的深入，学识更占主导地位。这就要求大学生丰富自己的内心世界，从仪表到谈吐，从形象到学识，多方位提高自己。

（二）要把握好交往的度

大学生人际交往中必须把握好适度的原则：一是交往的广度要适当，既不能过于分散精力，也不能过窄，形成排他性；二是交往的深度要适当区分浅交和深交；三是交往的频率要适当，即便是好朋友，也要保持一定的距离，只有这样，双方才有新鲜感、愉悦感；四是在人际交往中要把握分寸尺度，说话要有分寸，莫提非分要求，力求自己的言谈举止文明规范、合情合理。

（三）学会理解与宽容

在交往中，大学生应学会理解与宽容，能够设身处地替他人着想，理解他人，会善待和宽容他人。学会宽容，不仅有利于身心健康，且对赢得友谊乃至事业的成功都是必要的。宽容他人就等于是在宽容自己，苛求他人也就等于是在苛求自己。人与人心灵沟通在人际交往中十分重要。在与人相处时，要有宽容之心。苛刻待人或者得理不让人，最终将使自己成为孤家寡人。

【课堂活动】

学会赞美和欣赏

[活动目的]
学习发现别人的优点并欣赏，促进相互肯定与接纳。

[活动步骤]
每组6~8人，面对面站成两排。一人从中间穿过，其他每个成员对他说些鼓励的话，或用真诚的语言说出他的优点。小组每个成员都进行一次被欣赏和赞美。

[活动规则]
必须说优点，态度要诚恳，努力去发现别人的长处，不能毫无根据地吹捧。

[活动感受]
通过这一活动，你收获了什么？和小组内的同学分享。

（四）客观评价自我和接纳自我

大学生在交往中，能否和他人建立良好的人际关系，关键在于是否具有良好的、积极的心理状态。这种心理状态的形成和保持，一方面源于能否客观地评价自我，另一方面源于接纳自我，表现为一个人能客观地认识和对待自己的优势与劣势，注重自我修养，不断完善自己。这是改善人际关系的重要途径。由于大学生性格、家庭、生活环境不同,个性之间存在明显差异,因此在交往中要遵循真诚互助的原则。这样有利于大学生互帮互助,求同存异。

(五)锻炼提高人际交往的技巧

1. 善于表达

听君一席话,胜读十年书。谈话是沟通信息、获得间接经验的好方法,也是表达感情、增进友谊的重要手段。善于表达,要求表达的内容要清楚明确,表达的方式要恰当、幽默和风趣,使对方感到轻松愉快。因而自我表露是大学生应该掌握的另一项技能,即自信地袒露关于自己的信息,如怎样想、有什么感受、对他人的信息如何反应等。然而,许多人不能顺畅地表达自己的思想感情,从而给交往制造了障碍。自我表露需要把握好时机,否则就可能犯滔滔不绝、只顾自己之大忌。

2. 善于倾听

倾听的目的,一方面是给对方创造表达的机会,另一方面是使自己能更好地了解对方,以便进一步与其交往和沟通。学会提高倾听的艺术,首先要静听他人的谈话,不要贸然打断对方的话题,也不要时时插话,影响他人的谈话思路,或弄不清谈话的实质就断然下结论。其次,要鼓励对方讲下去,可以用简单的赞同、复述、评论等方法引导他人讲下去。

3. 善于处理各类矛盾

良好的人际关系,是大学生保持个性健康和具有安全感、归属感、幸福感的必然要求。每个人生命的主宰其实就是自己,关键是你要有所改变,要有强烈成功的愿望,要针对自己人际交往中存在的问题,结合自己的个性特点,以积极的态度和行为对待人际交往,相信就一定会找到合适的方法培养自己的人际交往能力,逐渐学会与人交往,建立和谐的人际关系。

【课后思考】

1. 大学生人际交往的问题主要有哪些?如何克服?
2. 结合自己的实际,谈一谈如何提高人际交往的技巧。

【心灵书吧】

《不必火星撞地球:避开交际中的性格缺陷》

作者:保罗·D. 泰戈尔

译者:殷红姣

出版社:机械工业出版社

出版时间:2006年1月

ISBN:9787111174301

开本:32
包装:平装
内容简介:

《不必火星撞地球:避开交际中的性格陷阱》建立在一种影响巨大、广受赞誉的心理模式基础上,这种心理模式被称为人格类型。在过去的二十多年里,它被广泛应用于商业、教育以及咨询服务等各个领域。正因为了解了人格类型,人们才可以在人际交往中所向披靡。

【影片有约】

《怪女孩出列》

剧情简介:

女孩为何爱搞小团体?又有多少女孩为了怕伤人而不敢说出真心话?忍耐、忍耐再忍耐,战争正在酝酿。看起来坚固友谊的背后,弥漫着一触即发的紧绷感。有人说女生就是这样,但很少有人了解女生为什么会这样。这些情绪并不是天生的,《怪女孩出列》带你一窥女孩们错综复杂的矛盾情结。该影片讲述了面对青少年同辈相互比较的压力和毫无人情味的社会风俗习惯,一个正常的少女被同学疏远后深感困扰,母亲帮助她重拾信心的成长故事。

第八章

恋爱与性心理辅导

【引言】

爱情是古老而又常新的话题,人生就是找寻爱的过程,人们从不吝啬用美丽的言语来描绘爱情的永恒和不朽。爱情能够给人带来精神上的激励、情绪上的欢愉、生活上的充实,但同时也会带来伤痛,甚至消沉。大学时期恰好是正处于青春年华的大学生初次了解爱情的阶段,恋爱不再是遮遮掩掩的"地下工作",而是轰轰烈烈的青春体验,在大学中经历爱情是大学生成长的一部分。那么,你对爱情了解多少呢?本章学习目标如下:

(1)了解恋爱的相关概念,对大学生常见的恋爱困扰有正确的认识,学会如何培养大学生自身的爱的能力。

(2)认识性心理,了解大学生常见的一些性心理问题,并学会如何维护大学生的性健康,以此来促进大学生健康、快乐地成长。

【案例引导】

什么是爱情

程佳最近状态不太好,上课总是走神,注意力不集中,眼睛红肿,总是沉默,没有了之前的活泼之态。回到寝室,舍友小璐问她到底发生什么事她也不说,眼泪却止不住地流。后来程佳的电话一直在响,她也不接,小璐拿起来一看是班长宋健的电话,小璐猜测,这两个人可能是闹别扭了。

程佳和宋健两个人军训完就确立了恋爱关系,这让班级所有人都十分羡慕,两个人郎才女貌,很是般配,不时还撒一波狗粮。想到这里,小璐看着躺在床上抽泣的程佳,一时不知如何是好。

"佳佳,有什么事,说出来就好了,别憋在心里。"小璐安慰道。

"小璐,我现在好难受,我不知道该怎么办。"程佳哽咽着。

"到底发生什么事了?"

"我……发现他变了,他不再和刚在一起时对我那么好了。他总是去玩游戏,我觉得这样太耽误学习;而且他遇事还比较急躁,没耐心,从来都不考虑我的感受;他还经常说我越来越挑剔,说我总是鸡蛋里挑骨头,说我不理解他。我昨天……和他说了分手,我觉得再这样下去,我会疯的。"程佳痛苦地说道。

小璐沉默片刻,问道:"佳佳,你确定你是真的喜欢他吗?"

程佳眼睛红肿地看着小璐,一时不知该如何回答。

你在恋爱过程中遇到过类似的问题吗?你知道爱情到底是什么吗?

第一节　大学生恋爱心理

爱情是两个亲密的灵魂在生活及忠实、善良、美丽事物方面的和谐与默契。

——别林斯基

一、恋爱概述

(一) 恋爱的含义

恋爱,是男女双方择偶和培育爱情的过程。每个人心中都有自己喜欢的异性,两人互相了解,进而达到心灵交融的过程就是恋爱。恋爱总是无声地来又无声地去,恋爱可能有结果也可能没有结果,它会给人带来欢乐也会给人带来痛苦。

【心理辞海】

恋爱心理

恋爱心理是指恋爱过程中的心理现象和心理活动规律。青春期在性激素的影响下对性刺激敏感,对异性的兴趣和吸引力增强。先是相互爱慕,相互接近,彼此愿意相聚在一起,经常交换自己的思想感情,为恋爱的发展建立基础。接着是频繁的约会和深入的倾诉,当彼此对分离都感到伤感时,则已建立了较牢固的恋爱关系。随着感情的加深,将出现亲吻、拥抱、抚摸等亲密接触。

此后,将向两个方向发展。其一是经历一个冷静的思考期,对恋爱对象的优缺点进行较全面的评估,然后决定继续发展恋爱,直到结婚,或就此告一段落,不再发展。其二是听凭感情发展,甚至发生性行为,随着相处日久,双方缺点暴露,相互不能谅解,导致感情破裂,恋爱结束,甚至产生悲剧的结局。

(二) 恋爱与爱情的关系

恋爱是男女双方在相互倾慕的基础上,培育爱情的过程,而爱情是恋爱的最终结果,两者是相辅相成的。没有恋爱的过程,男女双方就不可能深入地了解对方,就不可能寻找到真正适合自己的终身伴侣。但仅仅处于恋爱阶段,男女双方的感情就永远得不到升华,爱情就无法开花结果。因此,恋爱是爱情的土壤,爱情是恋爱精心培育的果实,二者密不可分。

(三) 恋爱过程

爱情是非常复杂的人际感情,没有预先设定的模式或者固定的过程,你遇到什么样的人,或者说你爱上什么样的人,就会有一段什么样的爱情。不过,恋爱过程还是有一般规律的,可被分为五个发展阶段。

1. 感受阶段

这个阶段是男女在交往中,对具有吸引力和魅力的异性产生兴趣的阶段。在这个阶段,他们或者一见倾心,迅速地诱发出火热情感;或者由于羞怯或迟疑等原因而未曾吐露自己的心曲。异性的外表在这一阶段起到十分重要的作用,它能够激起感官快乐。一些人可能凭着这短暂的感受就一下子跌入"情网",导致盲目恋爱,因为这是一种原始的感受,所以在这个阶段极易见异思迁。

2. 注意阶段

当接触到某个异性而在心理上激起波澜时,或感到与某个异性之间有莫大的吸引力时,往往有一种接触和亲近对方的强烈的向往。这时,就会自觉地将注意力集中指向这位异性所从事的一切活动、兴趣爱好以及家庭背景等,进而考虑能否和他(她)接近,如何表露真情,并时而设计一些相会的情景。

3. 求爱阶段

这一阶段是重要而且困难的阶段。在这个阶段,求爱者心理负担非常重,各种担忧不断涌现,这个阶段容易出现求爱挫折,产生心理障碍。因此,学习求爱的技巧,提高求爱的成功率,是男女度过这阶段心理困扰的关键。而要提高求爱的成功率,关键在于把握三点:一是正确判断对方对你的印象和态度;二是选择合适的求爱方式;三是把握好求爱的时机。

4. 恋爱阶段

在这一阶段,一方表白,另一方接受,双方的恋爱关系就确定了。求爱成功之后,爱情的扁舟就驶入了恋爱的海洋,两个异性之间就开始了共同的情感交流活动。在这个阶段,成熟起来的人能正确看待爱情和事业的关系,同时考虑到爱情的前途和未来。但也有少数心理不够成熟的人,不能自由地驾驭自己的感情,恋爱的盲目性较大,从而影响了学习、工作和发展,造成了不良的后果。就像案例中的程佳和宋健一样,两个人在恋爱阶段,却不知如何经营爱情,又受到现实因素的限制,就很容易产生矛盾。

5. 成功或分手

确立爱情后,有的男女青年可能达到以日后结婚为标志的成功境界,有的则可能经历另一个过程,即分手。分手的原因很多,有可能是各种外部条件造成的,也有可能是主观因素造成的,如父母反对、相互误解、第三者插足、个性不合等。恋爱时间越长或恋爱关系越深,分手时造成的打击就越大。只有当能愈合失恋伤痛的幸福时刻到来后,分手所造成的打击才会随着时间的流逝而成为回忆。

爱情可能会在各个阶段来来回回、跳来跳去地反复发展,但想要让一段美丽的爱情有美好的结局,相爱的双方必须有诚意,有毅力,还要有智慧。如果爱情能够顺利地经历这五个阶段,那么,当相爱的两个人决定结婚时,他们就能发展出真正和谐美满的婚姻,否则,他们的婚姻是很难理想的。这也就是在现实生活中许多婚姻关系不尽如人意的原因。在这里,需提醒恋爱中还没有结婚的朋友,要好好思考自己的爱情。

【课堂活动】

你的恋爱观如何?

恋爱观就是人们对恋爱问题的看法,它决定着爱情心理和行为,包括对美的认知、评价标准,择偶的标准与条件,恋爱的目的和方式,对幸福的理解等多方面的内容。渴望爱情的你在行动之前,不妨先来了解一下自己的恋爱观。

1. 你认为恋爱作为人生一个极其重要的环节,最终要达到的目的应当是(　　)。

　A. 找到一个情投意合的伴侣

　B. 成家过日子,抚育儿女

　C. 满足性的饥渴

　D. 只是觉得新鲜有趣,没有明确的想法

2. (男女单独做)

(1) 如果你是位先生,你对未来妻子最主要的要求是(　　)。

　A. 善于持家,利落能干

　B. 容貌漂亮,气质高雅

　C. 人品不错,能体贴帮助自己

　D. 只要我爱她,其他一切都无所谓

(2) 如果你是位女士,你在选择丈夫时首先考虑的是(　　)。

　A. 潇洒大方,有男子气度

　B. 有钱有势,社交能力强

　C. 为人诚实正直,有进取心,待人和蔼可亲

　D. 只要他爱我,其他都不考虑

3. 你决定和对方建立恋爱关系的心理依据是(　　)。

　A. 彼此各有想法,但大体相互尊重

　B. 我比对方优越

　C. 对方比我优越

　D. 没想过

4. 你对最佳恋爱时间的考虑是(　　)。

　A. 自己已经成熟,懂得了人生的意义和爱情的内涵,并且明确了事业上的主要方向

　B. 随着年龄的增长,自有贤妻或佳婿相伴,"月老"不会忘记任何人

　C. 先下手为强,越早越主动

　D. 还没想过

5. 你希望自己结识恋人的方式是(　　)。

　A. 青梅竹马,情深意长

　B. 一见钟情,难舍难分

　C. 在工作和学习中逐渐产生恋情

　D. 经熟人介绍

6. 你认为增进爱情的良策是(　　)。

A. 极力讨好取悦对方

B. 尽力使自己变得更完美

C. 百依百顺,言听计从

D. 无计可施

7. 人们通常认为,恋爱过程是个相互了解、相互适应和培养感情的过程,但了解、适应就需要花时间。那么,你希望恋爱的时间是(　　)。

A. 越短越好,最好是"闪电式"

B. 时间依进展而定

C. 时间要拖长些

D. 自己无主张,全听对方的

8. 谁都希望完整、全面地了解对方,你觉得了解他(她)的最佳途径是(　　)。

A. 精心安排特殊场面,不断对恋人进行考验

B. 坦诚地交谈,细心地观察

C. 通过朋友打听

D. 没想过

9. 你十分倾心于你的恋人,但交往一段时间后,却发现对方有一些缺点,这时你(　　)。

A. 采用婉转的方式告知对方并帮助对方改进

B. 因出乎意料而伤脑筋

C. 嫌弃对方,犹豫动摇

D. 不知道如何是好

10. 当你已在爱河之中,一位条件更好的异性向你表示爱慕时,你会(　　)。

A. 说明实情,忠实于恋人

B. 对其冷淡,但维持友谊

C. 向其谄媚并瞒着恋人和其来往

D. 感到茫然无措

11. 当你忽然发现爱慕已久的异性另有所爱时,你(　　)。

A. 静观待变,进退自如

B. 参与角逐,继续穷追

C. 抽身止步,成人之美

D. 不知道

12. 恋爱过程很少会一帆风顺,当恋爱中出现矛盾和波折时,你感到(　　)。

A. 既然已经出现,也是件好事,双方正好趁此了解和考验对方

B. 伤心难过,认为这是不幸的

C. 疑虑顿生,就此提出分手

D. 束手无策

13. 由于性情不合或其他原因,你们的恋爱搁浅了,对方提出分手,这时你(　　)。

A. 千方百计缠着对方

B. 到处诋毁对方名誉

C. 说声再见,各奔前程

D. 不知所措

14. 当你十分信赖的恋人背信弃义甩掉你之后,你(　　)。

A. 只当自己眼瞎,认错了人

B. 既然他(她)不仁,休怪我不义

C. 吸取教训,重新开始

D. 痛苦得难以自拔

15. 你的爱情路途坎坷,多次恋爱均告失败,随着年龄增长,已进入"男大当婚,女大当嫁"的行列时,你会(　　)。

A. 一如从前,宁缺毋滥

B. 厌弃追求,随便凑合一个

C. 检查一下自己的择偶标准是否实际

D. 叹息命运不佳,从此绝望

根据下面表格的评分标准计算你的总分。

题号	A	B	C	D
1	2.4~3	1.7~2.3	1~1.6	0~1
2	2.4~3	1.7~2.3	1~1.6	0~1
3	2.4~3	1.7~2.3	1~1.6	0~1
4	2.4~3	1.7~2.3	1~1.6	0~1
5	2.4~3	1.7~2.3	1~1.6	0~1
6	2.4~3	1.7~2.3	1~1.6	0~1
7	2.4~3	1.7~2.3	1~1.6	0~1
9	2.4~3	1.7~2.3	1~1.6	0~1
10	2.4~3	1.7~2.3	1~1.6	0~1
11	2.4~3	1.7~2.3	1~1.6	0~1
12	2.4~3	1.7~2.3	1~1.6	0~1
13	2.4~3	1.7~2.3	1~1.6	0~1
14	2.4~3	1.7~2.3	1~1.6	0~1
15	2.4~3	1.7~2.3	1~1.6	0~1

总分35~45分为A型,总分25~34分为B型,总分15~24分为C型,七道以上题目得0分为D型。

A 型：恋爱观成熟正确

你是一个成熟的青年，你懂得爱什么和为什么爱，这是你进入情场的最佳入场券。不要怕挫折和失败，它们是考验你的"纸老虎"，终将在你的高尚和热忱面前逃遁。尽管大胆地走向你梦中的恋人吧。

B 型：恋爱观尚可

你向往真挚而美好的爱情，然而屡屡失败，一时难以如愿。不妨多看看成功的朋友，并将恋爱作为圣洁无比的追求，不断校正爱情的航线，这样你与幸福就相隔不远了。

C 型：恋爱观需要端正

你的恋爱观存在不少问题，甚至有不健康之处。它们使你辛勤播撒的爱情种子难以萌芽，更难以结出甜蜜的果实。如果你已经轻率地开始恋爱，请端正自己的恋爱观。

D 型：恋爱观还未形成

你或许年龄还小，不谙世事；你或许年纪虽已不小，却仍天真幼稚。爱情对于你来说还是个迷惘未知的世界，你需要防范圈套和袭击。建议你读几本关于两性关系的书籍，待变成熟后，再涉爱河也不迟。

二、大学生常见的恋爱困扰

【案例引导】

胡兰欣的分手"风波"

胡兰欣和她的男友是高中同学，可高考却将两人分隔了大半个中国，但两个人的关系并未就此冷淡。从大一到大二整整两年了，虽然只有每年的寒暑假彼此才能见上一面，可胡兰欣却从未轻言放弃，即使在大学中有男生追求过她，她也从未动摇过，在对两人未来生活的无限向往中，度过了大学生活。转眼到了快毕业的时候，同班同学都准备找工作，胡兰欣却已拿定主意，先不急工作，而是先回家乡做新娘。然而就在此时，男友却给她发来一条消息，说他厌倦了长距离的思念之苦，觉得彼此的感情也没有以前那么美好了，并提出了分手。在胡兰欣的不停追问下，男友才道出自己已经有了新的女朋友，本来想找一个适当的时机提出的，但是胡兰欣多次提出回家乡结婚，不得已只能突然说出。此后的好长一段时间，她都以泪洗面，茶饭不思，整天过得暗无天日，觉得生活失去了意义。

案例中胡兰欣的失恋经历是大学生常会遇到的问题。对于失恋这个问题，你是如何解决的？除了失恋，大学生常见的恋爱困扰还有哪些？让我们一起来学习一下。

(一) 单相思

单相思是指男女之间只有单方面的爱恋思慕，也指双方中只有一方有愿望或热情。单相思是一种进入爱情的准备阶段，但是也很有可能停留在这样的状态之中无法得到必要的发展。无论哪种类型的单相思，都是一个人的"恋爱"，都不是真正的恋爱。

(二）分手或失恋

曾经的恋爱是如此幸福，让人难以忘怀。失恋后，人们总是会沉浸在对过去的美好回忆中无法自拔。所有的失恋者都有一种难以摆脱的情绪，那就是"我的终生幸福没有了"。怀着这种悲观的情绪，失恋者不敢面对失恋的现实和未来，陷入越痛苦越思念、越思念越痛苦的怪圈。而且，如果一段恋情走到了分手的地步，它会使人们怀疑自己、否定自己，从而让人更加痛苦和受伤害。

（三）择偶标准的困惑

【心理辞海】

择偶标准

择偶标准就是男女之间进行恋爱与组成家庭时相互选择的主观评价标准，它是人脑对于男女之间价值关系的客观价值标准的主观反映。择偶标准由众多基本要素（如财富、才华、品德、相貌等）组成，而每一个基本要素都包含特定的价值内涵。

面对纷繁的世界和越来越大的社会压力，大学生的择偶标准呈现出价值多元化的特点。家庭财产、社会地位、个人素质、潜在能力等因素正在考验着年轻的大学生，使他们在爱情之路上充满了选择。另外，由于大学生的择偶标准还未成熟，他们对双方是否匹配、是否合适也感到困惑。有些大学生虽然在谈着恋爱，但更多感受到的是爱情的苦涩和无奈，因为这种爱情不是自己所希望的。

（四）恋爱消费引起的困扰

大学生所处的年龄段正是接触时尚、追求时髦、渴望浪漫的时期，对爱情的浪漫要求比较高，可浪漫必须有一定的物质基础来维持。在攀比之中，恋爱消费水涨船高，有的甚至已经表现出许多非理性的观点和消费心态，这无疑为本没有经济来源的大学生增加了很大的压力。

三、大学生爱的能力培养

大多数人认为爱是一种令人心旷神怡的感受，是一种强烈的情感。其实爱是一项决定、一种判断、一种诺言，更是一种能力。爱的能力是指建立亲密关系的能力，它既包括从父母那里获得的爱的储备，又表现为在爱的过程中的学习能力。那么该如何获得美好的爱情呢？如何建立、发展健康的恋爱关系呢？

（一）迎接爱的能力

迎接爱的能力包括表达爱的能力和接受爱的能力，前者是主动给予爱，后者是被动接受爱。当你喜欢或是爱上一个人时,能否用恰当的方式和语言向对方表达出来?爱,要勇于表达。要让对方看得到、听得到、感受得到。对于平平常常的人来讲,这种以心换心的事最好是以朴素的、细微的、绵长的方式进行,这也和我们平凡且细微的生活吻合。

(二)鉴别爱的能力

鉴别爱是指能把爱情与其他情感区分开来。一方面要鉴别自己的感情,分辨出是友情还是爱情;另一方面还要从首因效应、光环效应等心理效应的迷雾中走出来;最后,在爱情中还要觉察移情现象产生的情感反应。

【心理辞海】

首因效应

首因效应由美国心理学家洛钦斯首先提出,也叫首次效应、优先效应或第一印象效应,是指交往双方形成的第一次印象对今后交往关系的影响,即"先入为主"带来的效果。这些第一印象虽然并非总是正确的,却是最鲜明、最牢固的,并且决定着以后双方交往的进程。如果一个人在初次见面时给人留下良好的印象,那么人们就愿意和他接近,彼此也能较快地相互了解,并会影响人们对他以后一系列行为和表现的解释。反之,对于一个初次见面就让人反感的人,即使由于各种原因难以避免与之接触,人们也会对之很冷淡,在极端的情况下,甚至会在心理上和实际行为中与之产生对抗状态。

那么,该如何区分爱情和友情呢?异性之间的友情可能是一段爱情的基础,但友情和爱情在某些方面是截然不同的。首先,两者的基础不同。爱情是以两性吸引为基础的强烈情感;而友情则没有性的欲念,是同学、朋友之间一种平等、诚挚、相互信任的友爱之情。其次,两者的性质不同。爱情具有排他性和封闭性,不容许有任何第三者插足;而友情则产生于普遍的人际关系中,是开放、广泛和可以传播的。最后,两者传播的义务不同。友情一般只传播道德义务,而爱情总是与婚姻、家庭联系在一起,同时又必然对社会生活产生影响,因此爱情双方不仅要承担道德义务,还必须承担法律义务。

(三)拒绝爱的能力

拒绝爱的能力意味着敢于理智地拒绝不希望得到的爱情,因为爱情来不得半点勉强和将就。因此,大学生要掌握恰当的拒绝方式,学会勇敢地说"不"。首先,要向对方表达自己的尊重,感谢对方对自己的欣赏和感情;其次,要态度明确、表达清楚,避免语焉不详、支支吾吾而给对方留下幻想;再次,行动和语言要一致,在大学校园里,有很多同学怕对方受到伤害而继续保持亲密关系,其实这对双方关系都是不利的;最后,要避免简单、粗暴和伤害性的拒绝,你可以拒绝一个爱你的人,但请不要伤害一颗爱你的心。

(四) 解决爱的冲突的能力

在大学校园中,很多大学生将恋爱对象理想化,一旦进入热恋,就以为对方能完全理解自己,认为爱情可以永远保持完美状态。但大学生是不断成长的群体,他们之间的感情会随着双方的变化而变化,性格的差异、日常生活的琐事都可导致两人之间的冲突。对于这些冲突,我们要勇敢面对,并且努力解决。

【知识延伸】

爱的冲突中的戒条

冲突时,人在觉得自己受到伤害,特别是受自己所爱的人伤害时,往往容易口不择言。所以,请记住以下戒条,不要伤人太深。

戒出口伤人:不能攻击人身,信口开河。

戒翻旧账:就事论事,不要挖掘陈年旧账,以证明对方的不是,否则"战事"扩大,"战争"升级,往往会两败俱伤。

戒暴力:冲突中严禁诉诸武力,不论争吵有多激烈,都不能伤害他人的身体。

戒怀恨在心:冲突过后仍耿耿于怀,只会引起更多的冲突。

戒逃避:双方有意见分歧,却不加以说明和处理,只藏在心中,任其腐蚀感情。

戒好胜:为了面子,知道错了也不肯道歉,往往得不偿失。

戒乱开火:避免在公众场合、亲朋好友面前等不适宜的场合乱开火。在这样的情形下,双方往往为了保全自己的面子而加剧战火。

戒招兵买马:切忌叫来好友、亲人、同学等支持自己的"第三势力","战圈"扩大后往往更难收场。

(五) 保持爱情长久的能力

在漫长的人生道路上,维系爱情需要智慧、耐力和付出。因此,积极培养、维护爱的能力,使爱情之树常青,是每一个大学生都应该学习的人生课题。

首先,爱情需要双方具有独立成熟的人格。任何一段成熟的爱情和婚姻,都需要有成熟的自我作为基石。在爱情中,我们首先要做的就是爱惜自己、肯定自己,然后才有能力去爱别人。一个自我迷失的人,是不可能很好地爱别人的。其次,树立正确的恋爱观,发展适当的恋爱关系。这需要我们正确看待爱情在人生中的位置,理性分析自己的择偶标准,深刻理解爱情,还要提高恋爱挫折承受力。最后,要以发展的眼光对待爱情和恋人。任何一个人都是不断发展和完善的,不能以固化的观点去要求他(她)。

总之,对于每一个大学生来说,在爱情中学习和成长,使珍贵的爱情体验成为人生之路上历久弥新的记忆,并能促进其未来的人生发展,这样你的青春和爱情就是值得的。

第二节 大学生性心理与性健康

了解爱情的人往往会因为爱情的升华而坚定他们向上的意志和进取的精神。

——培根

【心灵鸡汤】

有趣的心理实验

曾经有人做过这样的实验:让一位漂亮的年轻女士站在悬空吊桥中央,向独自过桥的男士表示希望他能够协助自己,她向他提出几个问题,并给他留下了电话。同样的实验在另一座横跨了一条小溪但只有10英尺高的普通小桥上进行了一次。同一位漂亮女士向过桥的男士出示了同样的调查问卷。结果发现:走过吊桥的男士认为这位女士更漂亮,大概有一半的男士后来给她打过电话;而在稳固的小桥上经过的16位不知名的男性受试者中,只有2位给她打过电话。研究者解释说,虽然男士在吊桥上的心跳加速是因为害怕,但他们的认知却产生了混淆,误以为是眼前的美女所致,并将其转换为性的强烈暗示。

在另一项实验中,研究者让大学男生在跑步之后,立刻观看女生自我介绍的录像带,来测试对女生的好感度。结果发现,跑步时间较长的男生,能较强烈感受到女性的魅力。

通过这个有趣的实验,我们可以得出,在一系列紧张的情绪体验中,人们首先会感受到自己的生理表现与以往有所不同,之后便会从环境中寻找线索来解释自己的生理表现。吊桥上的男士将外部环境紧张所导致的心跳加速误以为是女性的魅力引起的,又将其转换为性的暗示。那么,你对性了解多少呢?你知道常见的性心理问题有哪些吗?让我们一起来学习一下。

一、了解性心理

(一) 性及性心理的含义

1. 性的含义

一谈到性,人们就会表现得十分敏感和羞怯。在敏感和羞怯的背后,隐藏着一种狭隘的认识,即性是一种单纯的生理现象,是男女之间生理上的性关系。这种认识是十分片面的。实际上,性既是生理现象,也是一种社会现象和心理现象。性是生物学上的词汇,常指男女两性在生物学上的差异,包括男女两性染色体不同、性腺不同、性激素不同、生殖道与外生殖器不同、第二性征不同;还指人生来具有的性的欲望和本能。作为自然属性的性,是人类生存和繁衍后代的基础条件。从生物的形态学和生理学上来理解,性是伴随着性生殖出现的。人的基因与性器官的差异形成了雄性和雌性,性征便是两性特点的表达。作为社会属性的性,是性的本质体现。人的性需要,不仅包括生理性需要,更重要的是包括社会性需要。例如,择偶的要求不仅是寻找一位异性,而且要满足个人审美的需要、爱的需要、个人生活幸福与自我发展的需要,还要考虑对方的兴趣、爱好、学历、职业、家庭等社会因素。人的性行为必须通过婚姻、经济、法律、道德关系的规范才能够实现。

总之,性是人的自然属性和社会属性的统一体,这说明性既要受到人发展的生物规律的支配,又要受到人类社会文化发展条件和各种社会需要的制约。两者是有机联系、密不可分的。

2. 性心理的含义

性心理是人类个体在性的生理成熟后伴随出现的一系列与性有关的心理现象,主要是指性意识及在此基础上产生的性情感、性兴趣和性兴奋。性意识是指在性的生理发育成熟过程中,青少年会逐渐领悟到两性差异和两性关系,并随之产生从未有过的特殊心理体验;性情感是指对异性的倾慕和好感,渴望了解异性、亲近异性,感到异性对自己有一种吸引力,也希望自己能引起异性的注意,向往与异性交往;性兴趣是指对性知识的渴望和对性的好奇心;性兴奋是性欲的体现。

(二)大学生性心理现状及特点

【案例引导】

王东的苦恼

宋健的同学王东最近一直愁眉苦脸的,整个人看起来十分憔悴。同学们问他到底怎么了,他只是脸红,支支吾吾地,不知该说什么。

后来宋健和他聊天,无意间才知道王东之所以如此苦恼,和他做的梦有关。有一天,王东做了一个梦,梦见和他高中很喜欢的一位年轻女教师发生了性关系。梦醒后他愧疚不已,觉得自己很下流、很罪恶,心情非常沮丧。可是第三天,他又做了一次性梦,梦见和同班一位很漂亮的女同学发生了性关系。他更加自责,觉得自己是一个道德败坏、罪不可赦的人。强烈的罪恶感让他无法面对班上的女同学,上课也无法集中注意力学习,脑子里经常幻想一些"罪恶"的画面,但每次又不断地责怪自己。他感觉自己脑子里有两个人在打架,让他无法安宁,担心自己会得精神病。

通过王东的案例,你认为他烦恼的根源是什么?如果你是心理老师,你会如何帮助他?当今大学生对性心理是如何看待的?

1. 当前大学生的性心理现状

(1)性知识的匮乏造成大学生"性盲"的普遍性

性知识是指从各种渠道获取的与性相关的理性知识,它是性思维和性情感活动的基础。我国大学生性知识的匮乏堪比"性盲"。大学生对于有关性爱知识的了解既没有系统性,又缺乏全面性,对有关性病、艾滋病等的传播、防治等问题更是一头雾水。其原因在于我国大学生在青春期接受过正规性健康教育的人数比例很小,大学生性知识来源的主流渠道堵塞,而非主流渠道习得的性知识很难保证其科学性、健康性,这是造成我国大学生"性盲"普遍性的根本原因。

(2) 大学生获取性知识的途径广泛,以自学为主

相关调查结果表明,我国大学生获取性知识的途径非常广泛,排在第一位的是媒体(电台、网络、报刊),第二位的是教育书籍,第三位的是朋友或同学,第四位的是色情书刊或光盘,第五位的是父母,第六位的是老师。由此可以看到,大学生从学校教育、家庭教育的"官方"途径中获取的性知识明显不足,这说明大学生了解性知识的渠道主要是通过自学。而通过非正规教育获得的大量性知识是缺乏系统性、针对性和全面性的,这就势必造成目前我国大学生性知识的混乱现状。

(3) 对性知识的掌握,男性优于女性,性知识获取的途径性别差异明显

研究表明,我国大学生中对性知识的掌握,男性要优于女性,并且男女大学生在获得性知识途径方面也存在明显的差异。女性更多的是通过报纸、杂志获取性知识,并且女性通过家庭获取性知识的多于男性;而男性通过同性朋友和色情读物获取性知识的明显多于女性。这说明男性在获取性知识方面较为主动,女性在获取性知识方面较为传统。

2. 大学生性心理特点

大学生是青年中的一个独特群体,从生理上说,他们已经发育完全,然而他们还没有走向社会,在心理上并未成熟,他们在性心理方面表现出如下几个特点。

(1) 本能性和朦胧性

大学生尤其是低年级的大学生的性心理,是一种由生理上的急剧变化带来的本能作用,他们开始关注异性,对异性产生浓厚的兴趣、好感和爱慕,这只是对异性的本能反应。由于受传统观念和我国各级学校性教育缺乏的影响,性的问题一直被蒙上了一层神秘的面纱。因此,大学生这种生理变化带来的性意识的萌动还披着一层朦胧的轻纱,在朦胧纷乱的心理变化中,性意识将逐渐强烈并日渐成熟。

(2) 强烈性与动荡性

随着性生理的成熟,大学生往往出现强烈的性欲望和性冲动,这是其身体发育过程中正常的生理和心理现象。他们希望接近异性,迫切希望与异性交往,以得到性的生物性满足,但是迫于现实压力,又不能随时释放内心的冲动。与此同时,青年期是人的一生中性能量最旺盛的时期,不过由于许多大学生的性心理还不成熟,尚未形成稳固的、正确的性道德观和恋爱观,自控力较差,因此他们的性心理容易因受外界不良因素的影响而动荡不安。

(3) 矛盾性和压抑性

大学生与异性的接触使其内心往往充满了矛盾。有的想把成绩搞上去,又难以从与异性交往的误区中解脱;有的表面上无动于衷、故意回避,但实际却十分想有性体验。内心的矛盾往往会产生强烈的压力感。现实生活中五花八门的性信息的传播,使一些大学生的性意识扭曲,甚至以变态的行为表现出来,如窥阴癖、恋物癖等,严重者还会导致性变态和性过错。

二、大学生常见的性心理困扰

大学生正处于青年前期,在这一阶段,性的成熟与整个身体的发育已基本完成,但性心理的发展并未达到成熟。大学生性心理发展滞后于生理成熟速度,这使他们对性与爱存有神秘与好奇心理,容易出现各种性心理困扰。

(一)性别认同困扰

【案例引导】

马鹏的困扰

宋健的同学马鹏由于小的时候父母感情不好,母亲把情感全部倾注在妹妹身上,而对他关心很少,他很难体会到母爱。而他父亲又重病在身,很少顾及家庭,于是他从小便担起家庭生活的重担,买菜、做饭、收拾屋子、照顾父亲,甚至做针线活。

慢慢长大后,尤其是到了大学,马鹏觉得自己生了个男儿身,却是女儿心,喜欢做女性喜欢的事,认为做女性是最幸福的事。他喜欢模仿女性的声音、动作,喜欢戴首饰等,总幻想自己成了贤妻良母。他不敢让父母知道这些想法,怕他人了解到自己内心的隐私,所以他一直克制自己,但内心又非常矛盾痛苦,学业也难以进行,总想一死了之。

通过马鹏这个案例,你是如何看待性别认同这种困扰的?假设你是心理老师,该如何帮助他?

调查中发现,90%以上的男生对自己的性别满意度较高,而有超过25%的女生表示在可能的情况下愿意改变自己的性别,这一结果显然是由重男轻女的封建传统观念所致。这种性别自贱的心理是不正常的,就像案例中马鹏的这种心理状态,如果这种心理发展到严重的程度,就会对其未来的成才、发展带来不利的影响。

(二)性冲动与性压抑引发的困扰

性冲动是指由性刺激引起的性兴奋及性心理反应,并希望得到性满足的心理反应状态;性压抑是对个体性行为的某种限制。性压抑与性冲动是相抵触的,但适当的性压抑是必要的,也是个体性心理成熟的表现。大学生的性成熟以及外界的性刺激,会自然引发性的需求和冲动,但由于道德与法律的规范约束,在性需求与性满足之间出现了冲突。

一般情况下,通过正常的学习、交往、集体活动,大学生的性冲动能得以释放,性情感也能得以减弱或转移。但也有些大学生尤其是一些性格内向、性知识匮乏、人际关系紧张的学生,往往无法缓解自己内心的冲突,强迫自己回避性需求,形成严重的性压抑,个别甚至表现出性偏离倾向,形成了性心理障碍。

性冲动是一种正常的生理、心理现象。人有性冲动的产生和异性之间的相互吸引,并不是不道德的事。关键是看个体采取什么样的方式去满足性冲动和性欲望,以何种方式对待异性之间的相互吸引。

【知识延伸】

如何控制性冲动

（1）躲避刺激法。在与异性单独相处时，如果感情冲动，最好立即脱离那种刺激和使人陶醉的环境，让自己的头脑清醒一下，以免做出越轨行为。

（2）转移刺激法。积极接受另一种刺激以缓解感情冲动，将注意力转移到令人感兴趣的某种集体活动或阅读文艺作品中。

（3）排遣法。把对特定异性的思念和关切写进日记里，或向好朋友、家人说出来。

（4）意识控制法。以自己的道德修养和意志力使消极情绪得以消除，给自己以积极的心理暗示，以理性控制自己的情感和行为。

（三）性自慰引起的困惑

性自慰，也叫手淫，是指性欲冲动时，用手或其他物品摩擦、玩弄生殖器等性器官以引起快感、获得性满足的行为，是与青年性生理发育相适应的一种自娱自慰式的自限性性行为。手淫是人到了青春期后产生了性要求和一时不能满足此要求的矛盾的产物。只要自然的性活动受到限制，手淫就很容易出现。当有了社会性的性行为，就可能抛弃这种方式。手淫在大学生中是比较普遍的现象，但过度手淫也会对身体造成一些不利影响，容易给未来的正常性生活埋下隐患。

（四）性幻想

性幻想是一种正常的心理现象，它一般在入睡前及睡醒后卧床的这段时间，以及在闲暇时出现得较多。一般来说，性幻想的发生率女性高于男性，尤其是守身如玉的少女更易产生。有时，性幻想可导致性兴奋，女性性器官充血，甚至借助于手淫达到性高潮。

青春期的性幻想是性冲动的一种发泄方式，适当的性幻想有利于释放压抑的性行为，但是，如果性幻想过于频繁且沉溺其中，以至于影响正常的学习和休息，甚至把幻想当成现实，就会成为病态，即属于不健康状态，应加以调节和克服。

【案例引导】

姜涛的"病症"

宋健的同学姜涛暗恋一位年轻女老师，每当该老师站在讲台上，他便会产生强烈的感情冲动，不能自已。姜涛性格内向，不善于向他人诉说自己的心事，只能把对女老师的爱恋之情深深地埋在自己内心深处，稍有闲暇便在脑海想象与老师在一起的亲密情景，通过这种想象来满足自己的精神需求，并以此作为自己的情感依托。久而久之，这种幻想成了他生活的一部分。时间一长，他就出现了上课注意力不集中，经常走神、发呆的现象，学习成绩下降，还伴随有复杂的罪恶感，严重影响了其正常的学习和生活。

通过姜涛的案例可以看出,如果大学生过分沉溺于性幻想之中,可能会导致性心理和行为异常,给身心健康带来不良后果。

(五)异性交往的不适

与异性交往的愿望从刚进入青春期时就开始萌发,对异性感兴趣—渴望与异性交往—恋爱—结婚,是一个人要经历的生理、心理和社会行为的发展变化过程。大学生们渴望与异性交往的愿望非常强烈,但是受传统思想观念的影响,许多人缺乏与异性交往的正确方法,羞于与异性交往,在异性面前表现得非常紧张。

(六)性侵犯与性伤害引发的困扰

性侵犯泛指一切与性相关,且违反他人意愿、对他人实施的造成身心侵害的行为。包括强奸、诱奸、性骚扰在内的行为都是性侵犯,而露体、窥阴也属于性侵犯。对于受害者来说,不仅在当时,而且在以后相当长的时间里都会存在消极退缩、担惊受怕、回避人际交往、自尊心严重受损等心理症状,甚至造成婚后的性功能障碍。

三、大学生性健康的维护

(一)科学地掌握性知识

大学生应该对性有科学的认识。性是一门综合性的科学,包括性生理学、性心理学、性社会学、性伦理学、性美学等。大学生应当努力学习和掌握性科学知识,避免性无知,消除把性仅仅看作生物本能的片面认识。

(二)培养健康的人格

性不仅仅决定于生物本能,一个人对待性的态度也反映了一个人人格的成熟度。人自身的尊严感和对他人是否尊重,都会在两性关系中充分体现出来。

1. 要自爱自信

认同自己的性别角色。性别角色意识是一个人社会化成熟与否的重要体现,是心理健康的重要标志。世界是两性的和谐统一,男性和女性在生理和心理上各有自己的特点,各有自己的性别魅力。因此,大学生应当接纳和欣赏自己的性别角色,发展出适应时代要求的优秀个性特点。性别角色的认同和胜任是现代人成功适应社会发展的重要心理基础。

【课堂活动】

我喜欢我的性别

[活动目的]

加深对男生、女生不同性别美好特性的认识。

[活动步骤]

1. 每人在笔记本上独立完成下面的句子。

（1）男生篇

因为我是男生，所以我擅长：

① _____

② _____

我喜欢我是男生，原因是：

① _____

② _____

（2）女生篇

因为我是女生，所以我擅长：

① _____

② _____

我喜欢我是女生，原因是：

① _____

② _____

2. 每4~5名同性别的同学为一组，分若干个小组，相互讨论和交流各自的习作。

3. 把大家认为最好的句子统一汇总。

2. 要对性行为负有社会责任感

性行为如果只停留在手淫、性梦等方式的自我宣泄上，不会影响他人。但是，如果性行为涉及另一个人，那么便涉及许多社会责任。性行为可以给另一方造成心理和肉体上的伤害，可以产生第三个生命。这将影响另一个人的生活，也将影响你自己的生活。每一个成熟的大学生都应当了解个人性行为给他人、自我和社会带来的后果。尊重他人，尊重自我，对自我的行为负起责任。大学生要增强自己的性道德和性法律意识，用道德和法律规范自己的性行为。

3. 要培养良好的意志品质

大学生自我控制性心理能力的大小，在一定意义上是由个人意志品质的强弱决定的。意志作为个体为达到既定目的而自觉努力的一种心理状态，具有发动和抑制行为的作用。尽管有的年轻人有很强的性冲动，但是，人不同于动物，人有意志力，人可以抑制和调整自我的冲动。那些放纵自己的人往往缺乏坚强的意志品质。

（三）积极进行自我调节

每一个大学生都应该懂得：每个人都应该尊重他人的存在价值；每个人都应该以希望他人如何对待自己的方式去对待他人；每个人发展自尊与自重都应该建立于良好的人格标准基础上，即责任心、诚实、善良，并对自己的道德能力有信心。性欲是正常的和健康的，而且是可以控制的。大学生要学会积极进行自我调节，用合理的方式控制性冲动，使自己更健康、快乐地成长。

（四）文明适度地与异性交往

文明适度地与异性交往，可以满足青年期性心理的需求，缓解性压抑。异性交往有益于交流信息、完善自我，对个人的恋爱婚姻及个人的成才发展都具有重要的作用。但大学生在异性交往时要把握分寸，注意场合，规范行为，处理好友情与恋爱的关系。

（五）对性骚扰的自我保护

首先，大学生应当树立自尊、自重、自爱的自我形象，做到举止大方、行为得体、作风正派、衣着打扮不轻浮。其次，大学生应当学会自我保护。女生尽量晚上不要单独外出，更不要单独在男性家中或住所长时间停留。面对异性的非分要求，不要畏惧，要勇敢地说"不"。要以严厉的态度制止和反抗性骚扰，必要时向别人呼救或向公安部门寻求帮助。为了更快地排除自己的心理困扰，可以向父母、老师、知心朋友宣泄自己的情绪，也可以寻求心理咨询师的帮助。

【课后思考】

1. 通过本章的学习，你对性有了哪些全新的认识？
2. 大学生应当如何维护自己的性心理健康？

【心灵书吧】

《爱的五种语言：创造完美的两性沟通》

作者：盖瑞·查普曼
译者：王云良
出版社：中国轻工业出版社
出版时间：2006年8月
ISBN：9787501950423
开本：32
包装：平装
内容简介：

《爱的五种语言：创造完美的两性沟通》这本书值得婚前的恋爱男女阅读，更值得已婚的夫妻阅读，在离婚率高涨的今天，这本书实在是无价的。《爱的五种语言：创造完美的两性沟通》持续50周出现在《出版者周刊》的畅销书排行榜上，并被译成49种文字在全球发行，十年间销售量突破了1 000万册。如果爱情是一则神话，那么这本书可以使美梦成真；如果爱情是一颗蜜糖，那么这本书将教你如何防潮防腐，让爱情进入婚姻永不褪色，永葆如新。

【影片有约】

《初恋这件小事》

剧情简介：

小水是一个普遍得不能再普通的初中一年级小女孩。但她偏偏爱上了学校中最优秀、最善良也最帅气的高一男生阿亮。于是她做了很多傻傻的小事，只为能引起阿亮的注意。她申请加入舞蹈社，却在筛选时被喜欢阿亮的同学小菲羞辱；她不惜参演根本没有人喜欢看的话剧社；她还练习军乐指挥；等等。她所做的这些，只为能靠阿亮再近一点。

小水的努力让她在初三时成为学校名副其实的风云人物。她变成了男孩们眼中最可爱、最温柔和最受欢迎的校花级女孩，但小水心中依然收藏着她那小小的愿望。殊不知在话剧表演的时候，她的表现被阿亮的好朋友阿拓注意。最后，在初中毕业之时，小水终于鼓足勇气向阿亮表白，却发现阿亮已经在一个星期前接受了小彬学姐，两人又一次错过。其实，阿亮没有和小彬在一起，他一直喜欢小水，但是出于当初对阿拓的承诺，他不想失去他的兄弟，只有隐藏自己的真实感情——看着她，也是种幸福。九年以后，两个人都有了各自的成就，小水成为一名出色的服装设计师，阿亮则从一名超级球星成功转型为一名摄影师。在小水回国后的一次节目采访现场，主持人请来了阿亮学长。时隔九年，两人再一次相见，小水问阿亮有没有结婚，而阿亮回答，我一直在等着那个人从美国回来，小水喜极而泣。

第九章

网络心理调适

【引言】

随着时代的不断发展,网络也得到进一步普及,这不但影响到社会的变革,并且广泛而深刻地影响着人们的生活方式,甚至是人们的心理、个性、观念。对于大学生来说,缤纷多彩的网络世界满足了大学生渴求知识、追求新异刺激的需求,使他们很快成为使用网络的主力军。与此同时,网络也带来了负面影响,网络心理问题成为大学生乃至全社会普遍关注的新问题。本章学习目标如下:

(1) 认识网络与生活、学习的关系,通过实地调查,分析当代大学生网络使用情况,让大学生意识到网络带来的积极与消极影响。

(2) 对大学生网络心理有清楚的认识,了解大学生常见的网络心理问题有哪些,并学会如何调适这些问题。

【案例引导】

孙傲的痴迷

孙傲最初和其他同学没什么差别,怀揣梦想和激情开始了他的大学生活。孙傲内向、羞怯,没有勇气参加社团竞选,他本打算从学习上多加努力,出人头地。可是经过一段时间学习,孙傲痛苦地发现专业课难得超出想象,而且大学不再像高中随时有老师监督,偶尔逃一两节课似乎没什么影响,考试要到期末才有一次,于是他便慢慢开始接触网络游戏,进而一发不可收。

相比学习的艰难枯燥,网络游戏要有趣得多,孙傲一开始只是零星地去网吧玩,玩过之后也会内疚,可是时间一长,出入网吧逐渐变成了他主要的生活方式。身边的同学开始规劝他,可是他早已深陷其中无法自拔,同学束手无策,只好汇报给导师和辅导员。导师和辅导员对此很重视,多次找他谈心,并根据孙傲的特点帮他制订了实际可行的学习方案,请学生干部和宿舍同学帮忙督促。

一段时间后,孙傲重蹈覆辙,又开始频繁地出入网吧。原因是原本对他来说较难的科目,荒废了一段时间后,他更加跟不上课程进度,再加上他自己自制力差,又不善于和老师、同学沟通,内心痛苦无法排解,便重新沉迷网络。孙傲不知道自己该怎么办,整个人消瘦得很快,同学们也不知该如何去帮助他。

你身边有类似于案例中孙傲的同学吗?假设你是老师,你会如何帮助他?你对网络了解多少呢?

第一节 认识网络

如果错过互联网,与你擦肩而过的不仅仅是机会,而是整整一个时代。

——王俊涛

一、网络与生活

网络信息技术的迅猛发展,使人类生活发生了翻天覆地的变化。人们可以通过网络来了解世界,包括网络交友、聊天、开会、购物等活动,网络正在改变着人们的生活方式。

(一)网上沟通与网上交友

相关报告显示,中国青少年上网行为主要有信息获取、交流沟通、网络娱乐与商务交易。中国青少年网民交流沟通类应用使用率普遍高于网民总体平均水平。微博、博客/QQ空间、社交网站这三类应用的使用率均高出网民总体平均水平5个百分点。其中,大学生的网络社交类应用使用率在青少年群体中为最高。

通过网络与同学、好友甚至陌生人交流的方式已经普遍被大学生接受。网络交友已经具有了即时性,学生们可以随时随地拿出手机进行网聊,这也促了许多"低头族"。有个别学生甚至表示自己在网络上可以做到和朋友随便聊天,但现实中面对面交流有时候却连话题都打不开。

网络交友之所以受到大学生的欢迎,是因为大学生渴望平等交流,渴望把自己的声音传达出来,渴望被认同。而在网络平台上众生平等,彼此没有社会地位、经济背景的差异,人与人之间可以更容易达到精神层面的沟通。此外,大学生在使用网络进行沟通和交友时,身份具有可变性,彼此可以通过变换网名来扮演不同的角色,这种可变性可以弥补自身的性格缺陷。

【知识延伸】

网络交友需注意的问题

(1)不要把姓名、住址、电话号码等与自己身份有关的信息资料作为公开信息,提供给闲聊屋或公告栏等。

(2)没有征得父母或监护人的同意,不要轻易向别人提供自己的照片。

(3)当有人无偿赠给你钱物时,不要轻易接收。当有人以赠送钱物为由要求你去约会或提出登门拜访时,应当高度警惕,最好婉言谢绝。

(4)一旦发现令你感到不安的信息,应立即告诉你的父母或监护人。

(5)千万不要在父母或监护人不知道的情况下与别人进行面对面的约会,即使父母或监护人同意你去约会,约会地点也一定要选在公共场合,且最好要有父母或监护人陪同。

(6)不要轻信网上朋友的信息资料,因为一些别有用心者上网前往往用假信息资料巧妙地把自己伪装起来。

(7)在通过电子邮件提供自己真实个人资料之前,最好要确保你与之打交道的朋友,是你和父母都认识并且信任的人。

(二)理性面对网络上的谣言

随着科技的发展以及人民生活水平的提高,网络新闻进入了人人都有麦克风、人人都是记者的自媒体时代。这种以个人传播为主的媒介形式使得新闻自由度显著提高,网络信息的自由发布也助长了一些虚假信息的传播。部分网络虚假信息发布者预知大众情趣或心理,从而判定新闻价值,简化周边可靠信息,把信息强化为夺人眼球的新闻,形成了网络谣言。

【心灵鸡汤】

假新闻的背后

1月2日,某网站刊发新闻《大学生娶同学妈妈,背后隐藏的真相竟是这样》,新闻来源显示是"××在线"。文中称,一位帅气大学生迎娶一位比自己大34岁的离婚中年女士,但这位女士竟然是自己大学同学的母亲。

然而事情的真相却是:类似谣言已在多地传播数年。经警方调查发现,早在前几年类似的消息就曾出现,涉及广东广州、江苏无锡、福建平潭等不同地方。这些消息内容雷同,所用的配图也几乎一致,并都提及某种保养品或美容项目,涉嫌恶意营销。

在网络信息的传播过程中,人们习惯按照自己的情感动机或过往的经验在转播和转述事件中强化核心细节,简化周边信息,从而使传言更加合理。如上述例子中,该新闻目的在于营销某种保养品或美容项目,为了能吸引大众目光,便加上"帅气大学生迎娶离婚中年女士"等内容。

对于网络上的一些谣言,我们应该有基本的认识,要建立谣言意识。所谓"流言止于智者",大学生作为年轻的知识群体,有着较高水准的学识和素养,也对互联网的虚拟世界更为了解,应当主动担负起更多的责任。同时,还应时刻保持清醒的头脑,尤其是在一些明显有煽动性目的的言论面前要保持理性的态度,深思熟虑,做到不信谣、不传谣,避免成为谣言传播的帮凶。

二、网络与学习

互联网技术的发展,催生了一种新的学习方式——网络学习。互联网丰富的信息资源和便利的传播方式,为网络学习创造了极为有利的条件。在校大学生可以通过网络进行学习,每个大学为新生开设的计算机课程及相关技术课程,为他们上网学习提供了技术保障。网络可以是大学生学习的工具,如写论文需要登录中国知网查询学术资料,或者上网搜索任课老师推荐的各种书籍资料等;网络也是学习的对象,互联网有海量的信息可供查询;网络是学习的资源,不同学科、不同门类的知识都可查询到;网络也是一种学习环境,现在高校开始推广的慕课、微课等都离不开网络,这些都是为大学生提供学习的平台。

【知识延伸】

微课

微课(Microlecture),是指运用信息技术按照认知规律,呈现碎片化学习内容、过程及扩展素材的结构化数字资源。

微课的核心组成内容是课堂教学视频(课例片段),同时还包含与该教学主题相关的教学设计、素材课件、教学反思、练习测试、学生反馈、教师点评等辅助性教学资源,它们以一定的组织关系和呈现方式共同"营造"了一个半结构化、主题式的资源单元应用"小环境"。因此,微课既有别于传统单一资源类型的教学课例、教学课件、教学设计、教学反思等教学资源,又是在其基础上继承和发展起来的一种新型教学资源。

(一) 学会有效搜索

对于想通过网络资源进行学习的大学生来说,学会搜索信息和筛选信息是有效进行网络学习的重要条件。网络上的信息浩如烟海,再加上信息的无序性,在这种条件下搜寻符合学习需要的信息就如大海捞针。所以为了减少信息搜索耗费的时间,大学生必须掌握一定的搜索策略,特别是搜索引擎的使用技巧。通过信息技术课等学科的学习,熟练掌握计算机操作和网络浏览等基本技能,把自己有限的注意力分配在搜集和处理信息上。

(二) 学会辨别判断

网络上的信息资源庞杂繁多、良莠不齐,在浏览过程中,大学生很容易被无关信息干扰而失去本来的目标,导致迷航。因此,大学生在搜索网络资源的过程中,要学会判断什么是需要的、什么是无关的,要学会鉴别,并能够明确地取舍。网络中的每一个人都可以成为传递信息的中介,如何判断信息的准确性和完整性是进行网络学习的很重要的技能。

【心理辞海】

网络信息资源

网络信息资源(Network Information Resources)是指以数字化的形式存储于网络节点中,借助于网络进行传播和利用的信息产品和信息系统的集合体。网络信息资源是信息资源的一个下位概念,是与传统文献信息相并列的。

（三）高效整理加工

大学生对网络信息资源进行整理时，要学会浏览，在浏览的同时要能迅速捕捉自己需要的信息，并快速进行鉴别、归纳，要学会抓住关键词，摸清文章的脉络。同时需要在利用资源的基础上有自己明确的思考。网络资源只是帮助大学生成熟，而不是代替大学生成长。所以要达到真正有效地利用网络资源，就必须有个人的理解。网络资源的有效利用最终还是需要对之进行处理，只有经过自我的思考才是自己的，只有经过理解消化才会有所收获。

（四）提高自控能力

大学生掌握着学习的主动权，因此，如果大学生无法有意识地提高自控能力，在学习的过程中就很容易偏离学习目标，被网络上新奇而与学习无关的信息吸引，漫无目的地浏览网页，长时间回不到学习目标上来，浪费时间和精力。所以，大学生需要提高自身的素质，加强自控能力，让自己做网络的主人，让网络成为自己手中有用的学习工具，避免过多消耗有限的注意力资源。

三、大学生网络使用情况调查

随着社会的发展，互联网不仅成为大学生生活与学习的工具，也是影响其思想道德修养以及学习效果的关键因素。由于网络对大学生影响的两面性，高校应该采取积极态度与科学方式介入大学生网络平台，分析大学生的网络心理与行为特点，了解他们内心的真实想法与网络偏好，为引导大学生科学使用网络资源、端正网络行为、实现健康成长和发展做好充分的准备。

（一）大学生网络行为与心理特点分析

1. 大学生使用网络的行为特点

网络已经融入了大学生生活与学习。100%的大学生都有上网的基本技能，尽管33.4%的大学生说"上不上网无所谓"，但实际上99.4%的大学生都是经常上网的，41%的大学生无法忍受一周不上网，15.7%的大学生一天不上网都无法忍受。

在上网方式上，34.4%的大学生会选择网络阅读教室（如图书馆、阅览室）上网，尤其是进行学习活动与查阅资料等，很少大学生会到网吧。大部分学生自己有电脑，会在宿舍或者具有网络的教室上网。随着手机功能的增强，大部分学生也会开始利用手机上网，但主要是娱乐与简单阅读等，用手机上网开展学习活动的学生较少。这与手机的网络功能与费用还无法取代电脑的特点相关。以上特点表明，大学生的上网行为基本上是健康的，上网已成为大学生无法离开的生活方式。

2. 大学生使用网络的心理特点

通过调查和分析大学生使用网络的心理特点得出，多数大学生网络规则意识不强，保护意识不强。63%的大学生对加入的网络组织是否有明确的规章制度不介意，有10%以上的大学生知道一些网络组织是没有规则甚至是非法的但仍然注册,只有不到30%的大学生对加入的网络组织有严格的规则要求。调查发现,62%的大学生会根据情况在网络注册中留下真实信息,对于所信任的网站更是如此。在对待不健康信息方面,61.5%的大学生不予理睬,33.3%的大学生建议删帖。这说明学生心理上是健康的,但态度不是很主动。

在网络上,30.8%的大学生认为展示的是真实的自己,52%的大学生认为展示的是自己的一个侧面,16%的大学生表示表达的是自己不为人知的一面,只有不到2%的人故意做"假人"。这反映大学生在网络交往上的态度是真诚的,把网络作为展示真实自我的一个渠道,有利于大学生表达真实思想、缓解生活与交际的压力、促进心理健康发展。可见,大学生参加网络活动的心理基本上是健康的,网络世界与学生的真实世界之间不存在虚拟的鸿沟,大部分学生能鉴别网络信息的虚假与真实。

(二) 互联网使用情况对大学生的影响

1. 对大学生政治道德思想的影响

一方面,当前网络信息资源鱼龙混杂,很多网络采取炒作与猎奇的做法,钟情于负面新闻与轰动效应,尤其是网络的过度娱乐化以及网络中对社会问题的偏激态度,对学生的主流价值观会产生弱化影响。同时,由于网络提供虚拟空间,这为道德相对主义提供了温床:不需要真实的姓名与身份,人与人之间没有责任与义务。在这种缺乏道德约束的空间里,大学生的道德形成与发展缺乏规则的引导,非常不利于人才的培养。

另一方面,网络空间更为宽松的社区环境,能够让大学生直抒己见,有利于提高大学生参与社会活动、关心国家大事的主动性,提升大学生参与社会意识的形成。如果能够合理引导,将有助于大学生在实践当中形成更为自主的道德意识与道德能力,提升道德自觉性。

2. 对大学生学习与生活的影响

一方面,网络的普及使大学生能从网络上获得各种信息与知识,对于辅助学习、提升信息素养、了解社会有良好作用。随着网络资源平台的构建,通过网络开展网页制作、三维动画、工业造型、电脑预决算、网络科研项目、网络课件教辅、远程教育技术服务、大学生网络创业大赛等,成为大学生提高知识技能的主要方式,同时也是激发与培养大学生创业激情与创业能力的平台。

另一方面,网络改善交际行为,拓宽交际范围,促进心理健康发展。各种论坛与即时通信的推出,尤其是手机功能的提升,使网络成为学生交际的重要载体。在网络社区与互动平台上,学生可以直抒己见、交朋识友,突破现实交往空间的限制,寻找到更多具有共同语言的朋友,促进心理健康发展。网络的合理使用能够拓展教育空间,弥补学校教育的不足,让学生养成自主学习的习惯。丰富的就业与创业信息能让学生及时掌握信息,及早描绘工作与生活前景。

总之,大学生在使用网络时,应学会汲取有效且健康的信息进行整理和学习,学会过滤掉不良信息的干扰与侵害,为促进大学生健康成长做好充实的准备。

第二节　大学生网络心理

【案例引导】

"疯狂"的雷枫

雷枫长相俊朗，父母都是工薪阶层，对他的教育十分重视。他从小到大参加了各种培训班和比赛，荣获了许多奖励。进入大学后，他各科成绩依然名列前茅，多次获得奖学金，他对自己的大学生活充满自信。但是，这么一个优秀的男孩自从被网络"绑架"后，情势发生了翻天覆地的变化。

他沉迷于网络，由于多次旷课，在考试时挂了科。老师找他谈话，他也不以为意，继续疯狂地上网，在网上打游戏。他丧失了人生的奋斗目标，无法安静地坐在教室里听课，脑子里满是游戏的冲关和网络极乐世界。渐渐地，他觉得周围的老师和同学投来的都是歧视的眼光，他对自己的信心也荡然无存。他虽然心里明白自己应该好好学习，但还是无法控制住自己，一次又一次地跑向网吧，疯狂地在网络世界中拼杀，似乎只有这样才能找到些许安慰，可是内心仍旧空虚。他觉得前路迷茫，不知如何是好。

假设你是雷枫的朋友，你会如何开导他？你对大学生网络心理问题了解多少？

一、大学生网络心理概述

【心理辞海】

网络心理学

网络心理学（Cyber Psychology）是一个新兴的网络名词。通常是指以心理学经典理论为基础，以实证研究为手段，研究互联网相关情景下人的心理、行为及其规律性的一门应用心理学学科。从广义上而言，网络心理学是指一切与网络有关的心理学研究。狭义的网络心理学则指的是以网络为代表的自组织性、非线性的观点对于心理学的深刻影响。

（一）网络心理的概念

网络心理是在网络环境里人的心理过程及其由此形成的人的个性特征的总和。人们的网络心理是伴随着网络的产生和发展而产生和发展的。当人类进入信息时代，人们对客观世界的认识会随着网络对人类生活、学习、工作领域的渗透程度而发生变化，使得人的感知、记忆、思维、情感、兴趣以及个性悄然改变，进而产生新的思维方式、行为模式与生活习惯。网络社会与人的心理的互动将日趋频繁,网络心理也在这种互动中不断繁衍、发展,网络心理现象也是在网络这一特定情境作用下产生的。

(二) 大学生网络心理特点

青少年期是人成长过程中的心理断乳期,他们正处于生理不断发育和心理趋向成熟的特殊阶段。他们的身体发育出现了剧烈变化,并以一定的方式影响着心理发展,从而呈现出一些显著的心理发展特点。其主要表现在以下几方面。

1. 依赖心理

大学生由于学习压力大,精神长期处于紧张状态,人际交往常常遇到障碍与困惑,对性也缺乏科学的认识,因此处于生理和心理的苦恼期,精神长期受到压抑,于是上网聊天、交友、网恋成为他们获得宣泄和理解的最好方式。由于网络可以满足大学生多方面的需求,大学生容易对网络形成依赖。网络依赖会导致诸如考试成绩不理想、学习负担重、就业压力大等与学业有关的生活事件。当学业出现问题时,外界环境如学校和家长会对大学生施加压力,大学生会因此更渴望在网络中寻找慰藉。

【知识延伸】

克服"手机依赖症"的六大方法

(1) 将生活重心从手机上转移

对于大学生来说,可以通过自我约束逐渐减少使用手机的次数,尝试着离手机远一点。

(2) 试着不带充电器

你可以尝试不带充电器,逼着自己减少手机上网的时间,这个办法很有效。换一个功能单一、无复杂操作的非智能手机,对手机依赖的毛病或许慢慢就没有了。

(3) "我能经常感到满足"

所有依赖症的根本原因都是没有满足感,如果不知道自己感到满足是一种怎样的状态,那么你就总是处于不满足的状态。因此你需要经常告诉自己:"我对这样的状况感到满足,我知道当自己感到满足时是怎样的状态。"

(4) 转移注意力

有意识地把手机放到一边,做一些其他的事情转移自己的注意力,能够不用手机完成的事情,尽量不用手机。等我们慢慢戒除对手机的过分依赖,它自然就会回归"工具"的角色。

(5) 把手机装在包里

把手机拿在手上会让人时刻意识到手机的存在,一旦离开,就会产生较为严重的"分离焦虑"。不妨把手机放在包里,调一个响亮些的铃声,这样既可以避免漏接电话,也可以减轻对手机的依赖。

(6) 多读书、看报和运动

多在现实生活中积极与人交谈,多读读书、看看报,通过自我约束逐渐减少使用手机的次数,尽量将生活的重心从手机上转移。如果客观条件允许,最好多参加一些有益身心的活动,如听音乐、外出散步、郊游、健身等。如果对手机依赖过于严重,就要去看心理医生,以免影响正常的生活和学习。

2. 逃避心理

大学生在现实生活中有特定的行为规范、责任和义务,社会对大学生的角色扮演有社会期望和要求,对其行为产生约束。而且中国多数家庭忽视了孩子作为独立个体的人的需求,从而导致现实中孩子不愿意与人交流。再加上大学生普遍面临来自学业、生活、竞争等各方面的压力,由于各种原因,部分大学生又不愿意向同学、父母倾诉。而网络的虚拟性、开放性、匿名性等特点正好满足了大学生内心的需要,当面对复杂的社会环境时,网络便成了他们逃避现实生活的一种方式。

3. 焦虑心理

焦虑指的是大学生在学业、就业、生活、竞争等各种心理压力下所产生的一种不踏实、失落感、危机感和迷惘感。它表现为焦躁、忧虑、烦恼、困惑、恐惧、紧张、惴惴不安,为小小的得失耿耿于怀,为尚未来临的困难担忧不已,对自己的未来感到莫名其妙的威胁等等。现代社会对大学生提出的高要求使他们需要通过宣泄来及时减轻现实生活中的压抑情绪,而网络正好满足了他们的需要。一方面,网络使大学生充分展现了真实的自我;另一方面,网络给大学生提供了一个极为广阔的情感交流的空间,使他们可以和网友尽情地沟通,享受无拘无束的愉悦,而且网络给他们造就了一个宣泄情绪、放纵冲动的场所。

4. 寄托心理

大学生对网络的迷恋在一定程度上满足了其对理想生活空间的追求,特别是对于那些自信心不够和在现实生活中不如意的人,他们可以在这里寻求寄托,解除苦闷,倾诉心声,获得情感需求的满足。

5. 猎奇心理

大学生正处于成长阶段,对各方面的信息都有极强的求知欲,他们喜欢关注新事物、接受新事物,而网络中很多新奇的东西激发了大学生的好奇心,不论好坏,对心理尚不成熟的大学生都构成诱惑。网络游戏成瘾和网络色情成瘾就属于这种情况。

6. 孤独心理

孤独导致网络交流成瘾。孤独是指感到孤单寂寞,觉得自己已被社会遗弃的消极心态。孤独的人更容易被网络吸引。过度使用网络是因为网络提供了更加广阔的社会网络和多种多样的在线交流形式。孤独的人会被网络中一些具有交互作用的社会活动吸引,这些活动可提供归属感、友谊和交流的机会。

(三) 大学生网络心理健康的标准

网络心理健康,除了应具有心理健康的一般标准外,还有一些特殊的标准,概括如下。

1. 具有正确的网络心理健康的意识和观念

智力正常并具有基本符合客观的认知是心理健康的重要标志,在网络环境下就表现为具有正确的网络心理健康的意识和观念,包括以下三个方面:一是了解网络是把"双刃剑",对网络既不依赖,也不谈"网"色变;二是具有正确的上网目的,合理安排时间,注意上网的安全,具有健康、良好的网络使用习惯;三是对网络信息有辨认真伪的能力,并能正确对待和处理网络与现实生活的关系。

【课堂活动】

构筑心灵的防火墙

[活动目的]
引导学生明辨是非,对网络资源正确加以取舍应用,取其精华,去其糟粕。

[活动步骤]
(1) 让学生课前收集资料,让他们在参与过程中初步了解网络的利与弊。
(2) 让学生观看沉迷网络所带来危害的录像、资料等,让他们进一步了解网络的负面影响。
(3) 通过诉说家长的真情实话,让学生明白家长的心情,以真情打动他们,让他们注意避免沉迷网络。
(4) 让同学在讨论、交流中,找到正确对待网络的方法。

[活动感受]
通过此次活动,你对网络有了哪些全新的认识?在接下来的生活与学习中,你会如何利用网络?和同学们分享一下,并写一篇不少于300字的总结。

2. 能保持网上、网下人格的和谐统一

人格是一个人所表现的稳定的精神面貌,具有一定倾向性的心理特征。网络环境的身份虚拟性、想象性、多样性、随意性等特点,容易影响个性的整体性、独特性和稳定性,导致双重人格或多重人格的困扰,从而影响心理健康。因此心理健康的人必须有正确恰当的自我意识,能保持网上、网下人格的和谐统一,同时,在虚拟性与现实性之间做到以现实性为主。

【心理辞海】

网络双重人格

网络双重人格是指个体在网络中和现实中分别具有彼此独立、相对完整的人格,二者在情感、态度、知觉和行为等方面都有所不同,有时甚至处在剧烈的对立面。网络双重人格是严重的心理障碍,是心理不健康的典型表现。

3. 网上、网下均能保持良好的情绪情感

情绪是个体衡量心理健康与否的一个显著标志。心理健康的大学生积极的情绪远多于消极的情绪,主导心境是愉悦、乐观和平静的,且能正确而恰如其分地表达情绪。一个网络心理健康的大学生,一方面表现为能遵守网络道德,适当运用网络调节情绪、宣泄情绪,因为网络具有调节情绪的功能;另一方面则表现为不论是在网上虚拟社会还是在网下现实社会,积极的情绪总是远多于消极的情绪,且能合理地表达情绪。

4. 不因网络的使用而影响正常的生活、学习与工作

意志健全、行为协调也是心理健康的重要标志。心理健康的大学生意志的自觉性、果断性、坚持性和自制性都能获得协调发展,他们学习、生活的目的明确,能根据现实的需要调整行动的目标,为实现目标而自觉地约束自己,抑制自己不合理的欲望,抵制各种外部诱惑。

二、大学生常见网络心理问题及调适

【案例引导】

白静的网络成瘾

白静在刚进入大学的时候,对自己的将来充满了希望。但学习并非一帆风顺,当她发现自己并没有达到预期目标时,心中充满了挫败感。在与同学和老师的交往中,她也失去了以往的中心位置,感觉自己被冷落了。但很快,她就在网络世界中找到了很多的朋友,也找回了自信和归属感,网络让她摆脱了现实社会的自卑与孤独。一段时间后,她对网络产生了强烈的依赖和渴望,性格变得内向,情绪也变得不稳定,甚至与父母、老师公然对抗,还逃课、彻夜不归,对学习的兴趣明显下降,同时出现了一系列的心理问题。经同学和班主任劝告,她虽在一段时间内减少了上网时间,但也不可避免地出现了周身不适、暴躁易怒、精神涣散、睡眠障碍等不良反应。后来白静又再次沉迷网络之中无法自拔,网络已经成为其逃避问题和缓解不良情绪的唯一途径。

假设你是白静的朋友,你会如何帮助她?除了网络成瘾,大学生常见的网络心理问题还有哪些?

(一) 大学生常见的网络心理问题

大学生正处于学习求知阶段,对新鲜事物具有很强的好奇心。网络游戏不仅形象逼真,而且充满了竞争与挑战;在网络中聊天可以扮演各种角色,满足各种需求。这就使得网络具备了强大的吸引力,也使大学生越来越离不开它。但在利用网络时,许多大学生出现了偏差,产生了各种各样的网络心理问题。

1. 网络成瘾

有些大学生对网络十分着迷,只要一有时间就泡在网上,有的连续五六个小时一动不动,有的干脆通宵达旦地上网聊天、畅玩网络游戏,就像上瘾一样无法控制自我,整日沉浸其中,彻底丧失了意志力,心理学将这种现象称为"网络成瘾症"。患了"网络成瘾症"的人,会表现出情绪低落、头昏眼花、双手颤抖、疲乏无力、食欲不振等症状。"网络成瘾症"极易诱发心血管疾病、胃肠神经官能症、紧张性头痛、焦虑、忧郁等多种病症。

【课堂活动】

网络成瘾自测表

认真回答下列问题。如果下列描述的情形对你来说符合,就回答"是";若不符合,就回答"否"。

1. 我曾尝试让自己花更少的时间在网络上,但无法做到。
2. 我只要有一段时间不上网,就会觉得心里不舒服。
3. 由于上网,我和父母、老师、同学的交流、相处时间减少了。
4. 我曾不止一次因为上网的关系而睡眠不足5小时。
5. 比起以前,我必须花更多的时间上网才能感到满足。
6. 我只要有一段时间不上网,就觉得自己好像错过了什么。
7. 由于上网,我花在以前喜欢的活动上的时间减少了。
8. 由于上网,我的学习成绩不如以前好了。
9. 由于上网,我与周围其他人的关系不如以前好了,但我仍旧没有减少上网。
10. 由于上网,我的身体健康状况不如以前了。
11. 我每次下网后是要去做别的事,但又忍不住再次上网看看。
12. 我习惯减少睡眠时间,以便能有更多时间上网。
13. 我非常喜欢上网。
14. 我常常不能控制自己上网的行动。
15. 我经常上网。
16. 我只要有一段时间不上网,就会情绪低落。
17. 我常常因为熬夜上网而导致白天精神不振。
18. 我每天一有空,首先想到的就是上网。
19. 没有网络,我的生活就毫无兴趣可言。
20. 我曾因为上网而没有按时吃饭。
21. 我觉得自己花在网络上的时间比一般人少。
22. 其实我每次都只想上一会儿网,结果常常一上网就很久不下来。
23. 每次只要一上网,我就有兴奋满足的感觉。
24. 我曾不止一次因为上网而逃课。

结果解释:

以上题目,回答"是"的计1分,回答"否"的计0分。统计分数,若得分超过15分,便可大体判定为对网络的依赖已达到成瘾程度。

2. 逃避现实

在网络世界,人们之间的交往是凭借想象力和虚拟身份来完成的。人与人之间素不相识,只凭计算机进行交流。一方面,网络打破了传统的时空观,把时间和距离缩短为零,实现了形式上的"天涯若比邻";另一方面,由于人与人之间的交往是借助计算机来完成的,一旦脱离了网络环境,人们就会出现相见不相识的情况,又成了"比邻若天涯"。曾有报纸报道,两个在网上聊得很投机的人,见面后大吃一惊,因为他们竟然是同班同学!

网络中的人际交往是虚拟的。这种虚拟的交往方式会使大学生产生真诚与欺骗的冲突,从而对现实产生不满,并导致心理问题产生。

3. 网恋陷阱

【案例引导】

两次陷入网恋,到底是谁的错?

张洁刚入大学时,宿舍里刮起了一股网恋风。文静乖巧又好学上进的她对此不屑一顾,只知埋头苦读。后来,她在舍友的鼓励下,也加入了网络聊天一族。这一聊就上了瘾,一上瘾就出了"问题":张洁发现,她爱上了一个网友。在无数次电话联系后,张洁冲动地决定:去北京找自己的网络情人。张洁一个人来到陌生的北京街头,发现根本找不到联系了无数次的"他",因为对方所说的单位里,压根就没有那号人物!她绝望了。她的第一次恋爱被无情地扼杀了。张洁说:"我从北京一路哭着回来。"

也许是命运的安排吧,之后不久,她再次陷入网恋,她的一个网友不远万里看她来了,他说:"我想见你!"张洁再次陷入网恋的泥沼不能自拔,然而不同的是,这次的对象比她整整大了12岁。那个男人很体贴,对张洁无微不至地呵护。每个周末都来学校看她,并带她出去逛街、喝茶、郊游。张洁虽然嫌他年龄大了点,不敢跟家里人说,但仍然美滋滋地享受着这种幸福。然而,随着张洁多次拒绝对方"发生关系"的要求,两人的关系开始变僵。此时,张洁对对方"至今未娶"的话产生了怀疑,她多方打听终于得知,对方已结婚多年,儿子现在上小学三年级。

两次网恋都以失败告终,在痛苦与失望中,张洁服下大量安眠药,说要"让他们后悔一辈子"。幸好在及时的抢救治疗后,张洁脱离了危险。她说:"我会恨他们一辈子,这些人都负了我!"

通过这一案例,你认为张洁两次陷入网恋,到底是谁的错?你是如何看待网恋的?你对于网恋了解多少?

在现实生活中,男女一般通过口头语言和书面语言两种方式向对方表达爱意。在这种情况下,每个人都可以清楚地感知对方,并形成自己的情感倾向,同时通过交流给对方留下印象。网络出现之后,许多人开始在网络上谈情说爱,但目的大多是宣泄内心的烦恼,回避现实中的压力。因为男女之间在网络中的情感交流与爱意表达很少是真心的,所以通过网络形成的恋爱关系很难经得住考验。

网络中的情感关系是脆弱的、不可靠的。那么,为什么又有那么多大学生对网络情感心驰神往呢?主要原因在于网恋具有神秘的诱惑。网络就像一层厚厚的面纱,隔开了两个人,也遮住了两个人的真实面目。双方在网络中交往时,只能从对方的"言谈举止"去猜测,即使有所了解,也是"犹抱琵琶半遮面",看不真切,因而吸引着人们一定要探个究竟。

4. 黄色毒害

大学生的性生理已经成熟,对异性的渴望与追求也开始变得十分强烈。但由于种种因素的影响,大学生的性知识却显得相对滞后。虽然大学生存在获取性知识的心理需要,但获取性知识的渠道不畅致使相当多大学生的性知识十分匮乏。许多大学生出于好奇,纷纷去寻找色情信息,以满足"窥淫"的猎奇心理。

网络使大学生获取性知识有了更加便捷的途径,但与此同时,也使大量不健康的信息展现在他们面前。一些色情网站不仅有撩人煽情的站名,更有淫秽下流的内容,加上网络传播速度快、手段隐蔽、信息扩散范围广,对大学生身心健康的影响十分恶劣。有些大学生因为深陷黄色陷阱而无法自拔,整日神魂颠倒,无所事事;有些大学生受网友诱惑,想体验一下新鲜刺激的感觉,于是随便被邀去发生性关系;有些大学生通过向对方具体地描述性行为,荒诞地在网上产生了"性关系";更有一些大学生因为网络的诱惑彻底失去了自我的约束和道德的控制,最终走上了违法犯罪的道路。

(二) 大学生网络心理问题的调适

1. 有效利用网络,加强思想政治教育工作

学校应通过各种有效载体和丰富多彩的形式,加强大学生思想政治教育,帮助大学生树立正确的网络观,培养其良好的思维方式,提高识别信息、认识问题的能力。引导大学生正确认识网络,对大学生进行网络法制和网络伦理道德教育,提高他们对假、丑、恶的分辨能力,使其网上言行符合法律法规和社会公德的要求。同时家长要积极与学校沟通,对大学生的上网行为给予适当的引导和监督,帮助大学生正确处理上网和学习、生活的关系,及时调整网络心态,使其健康、快乐成长。

2. 设立专门机构,开展网络心理咨询

学校应按照有关文件精神,设立专门的心理咨询机构,配备专、兼职教师,建立网上辅导队伍,设立心理咨询网站,传播心理知识,进行网上行为的训练和指导,开设在线心理咨询,研究学生上网心理、网络人际交往的心理特征、网络心理障碍等大学生网络心理问题,确立一套可操作的、有效性强的网络心理障碍咨询方案,针对每一位大学生的具体情况,做出科学认真的分析,并采取对策,尽量缓解或消除网络迷恋者的心理问题。

3. 完善网络管理,净化网络环境

大学生自我控制能力较弱,自我表现欲望强烈,法制观念较为淡薄,往往会在不知不觉中陷入网络犯罪的深渊。因此,政府有关部门要加快网络立法,建立良好的网络文明世界,创建"绿色上网"。政府与学校要对网络信息做好入境防范,强化对上网信息的监控,过滤有害、错误、反动的信息,净化网络环境,减少这些信息对大学生的负面影响。

4. 根据网络时代特点,开展大学生心理健康教育活动

学校在日常教育教学的同时,还应关注大学生的心理健康状况,充分认识和重视网络成瘾给大学生心理健康带来的消极影响。学校有关部门应积极构建网络心理健康教育的渠道,采取心理健康专题讲座、心理咨询等方式,普及有关网络的心理学知识,倡导大学生自我教育和管理,使大学生自觉地维护自己的身心健康,学会科学地规划人生和有效利用时间。

【课后思考】

1. 通过本章的学习,你对网络有了哪些全新的认识?
2. 大学生常见的网络心理问题有哪些?又该如何去调适?

【心灵书吧】

《戒除网瘾 16 招》

作者:李姗璟
出版社:海天出版社
出版时间:2006 年 6 月
ISBN:9787806978009
开本:24
包装:平装
内容简介:

本书是"李姗璟活出最佳状态丛书"之一,提供有效克制网瘾的 16 种方法,如命运罐法、灾难刺激法、上网前宣读誓言法、转移注意力法……书中的方法已协助几千名青少年朋友成功地戒除了网瘾。此书亦适合想要摆脱电视瘾、酒瘾、烟瘾的人群,激发其行动力。

【影片有约】

《青涩记忆》

剧情简介:

影片通过对大量真实素材的概括提炼,以网络为切入点,讲述了这样一个故事:几个不同家庭背景的孩子,由于不同原因沉迷于网络,最终走上犯罪道路。经历迷惘彷徨后,他们在自我反省与社会帮扶的共同努力下,告别青涩、凤凰涅槃。影片深刻揭示了导致青少年违法犯罪的主要原因,突出反映了沉迷网络游戏给未成年人造成的严重危害,较全面地体现了未成年人保护工作中的家庭保护、学校保护、社会保护和司法保护对青少年健康成长的重要性,有利于提高青少年学生的法律意识和增强其法制观念,也给家长和社会以深刻的反思。影片故事真实,表演生动,制作精良,具有较强的思想性、教育性和艺术性。

第十章

大学生职业规划

【引言】

人生就是一个不断经历的过程。大学是人生发展的重要阶段,大学生活让我们尝到了酸甜苦辣,不断丰富着我们的记忆,也让我们懂得了尽早进行职业规划的意义。亚里士多德曾说过:"人是一种寻找目标的动物,他生活的意义仅仅在于是否正在寻找和追求自己的目标。"明确的目标才能激励我们积极地去实现目标,以免随波逐流,最终碌碌无为。从这个意义上讲,大学生应尽早开始职业探索,确立职业志向,制定未来发展规划,促进自我实现人生价值。本章学习目标如下:

(1)了解职业规划的概念及特点,认识到职业规划的重要意义。
(2)了解职业规划中的一些常见误区及心理问题。
(3)学会求职择业心理调整方法及如何更好地实现职业规划与发展。

【案例引导】

秦欣的烦恼

秦欣是程佳在社团认识的学姐,为人热情,长相甜美,参加了许多活动,人缘也颇好。可是最近一段时间她整个人愁眉苦脸的,还总是一个人独来独往。

一次,程佳在路上碰到秦欣,看她整个人消瘦很多,便关心地问道:"秦姐,你最近怎么了,感觉状态不太好。"

秦欣只是勉强笑了一下,说了句没事。后来在程佳的追问下,秦欣便说出了缘由。

秦欣觉得每天忙忙碌碌的,上课、自习、参加学生会活动、听讲座、参加校园比赛、家教兼职等,日子看着很充实,可她却不知道自己都忙了些什么,感觉自己忙得没有价值感,她不知道自己这样的付出对自己将来就业有没有帮助。她一想到将来就一片迷茫,不知道自己对什么感兴趣,虽然毕业后大概率是从事教师工作,可她却不知道自己适不适合,也不知道具体要做什么样的准备。偶尔听比她大一届的学姐学长们谈到他们现在的规划和目标,秦欣就感到十分紧张。

程佳了解到她的情况后,一时之间也不知该如何安慰,想到自己未来也要走向教师岗位,感觉自己还没有准备好,却也不知从哪里开始。

你作为一名大学生,是否也有与秦欣和程佳类似的困惑?你是如何看待职业规划的?

第一节　职业规划概述

聪明的人善于抓住机遇,更聪明的人善于创造机遇。

——莎士比亚

一、职业规划的概念

职业规划,即职业生涯规划,是指组织或者个人把个人发展与组织发展相结合,对决定个人职业生涯的个人因素、组织因素和社会因素等进行分析,制定有关个人一生在事业发展上的战略设想与计划安排。

具体来说,职业规划是指客观认知自己的能力、兴趣、个性和价值观,发展完整而适当的职业自我观念,个人发展与组织发展相结合,在对个人和内部环境因素进行分析的基础上,深入了解各种职业的需求趋势及成功的关键因素,确定自己的事业发展目标,并选择实现这一事业目标的职业或岗位,编制相应的工作、教育和培训行动计划,采取措施,高效行动、灵活调整,有效提升职业发展所需的执行、决策和应变技能,使自己的事业得到顺利发展,并获取最大程度的成功。

【知识延伸】

大学阶段,你可以为你的职业规划做哪些准备?

(1)你具备哪些知识和技能?你决心学习和培养什么技能?

所有计划的制定都建立在对自我充分了解的基础上。知识和技能是职业选择和发展的基本依据,这个通常和自己所学专业挂钩。在平时的课程学习中,除了能积累到相关的专业知识外,还可以扩展很多附加技能。

(2)你的兴趣和爱好在哪些领域?

人们常常说应当找一份自己热爱、真正感兴趣的工作,但其实能达到这点很难。难在两处:一是你喜欢的工作未必适合你;二是你也许根本不清楚自己的兴趣点所在。所以制定职业规划前可以先判定自己的兴趣方向。

(3)你的性格是怎样的?适合与人打交道,还是与物打交道?

性格主要决定的是你适合在怎样的环境工作。普遍来讲,外向型性格的人适合与人打交道的工作,如人力资源、公关、销售等;内向型性格的人适合与物打交道的工作,比如会计、编程等。

(4)你对未来的职业有什么憧憬和期待?你想过一种怎样的生活?

请你设想5年、10年甚至20年后你理想的生活处境:是安安稳稳悠闲自得,还是风风火火功成名就?这种关乎人生观和价值观的选择,没有绝对的好与坏,你只需要不断反思自己究竟希望从工作中获得什么——是金钱、名誉，还是成就感与满足感。然后你需要为此设定阶段性目标和计划，并且一步步去实现。

二、职业规划的特点

职业规划具有个性化和开放性两大特点。

（一）个性化

个性化是职业规划最重要的特征，它是由个人性格、价值观、思维方式、行为方式、对成功的评价等方面的差异性决定的。职业规划不是别人强加在个人身上的实施方案，而是个人在内心动力的驱使下，结合社会和企业的发展，依据现实条件和机会制定的个性化的发展方案。尽管家庭、企业、社会环境对个人职业生涯规划有重要的影响，但其发展的动力和源泉还是来源于个人的自尊。

（二）开放性

职业规划具有开放性。个人是职业规划制定和执行的主体，但这并不意味着它是由个人闭门造车、独自完成的，也不意味着必须一次完成、终生不变。职业规划的开放性要求个人与外界尽可能多地交换信息，与家人、老师、上级、下级、朋友、职业顾问等交换意见，广泛听取他们的建议，并充分利用测评工具测定职业潜能。同时，职业规划是使人全面发展的一种有效工具，而不是固定的行为模式，它需要根据客观环境、自身条件的变化等及时调整。

三、职业规划的重要意义

（一）协助个人认识自我、开发潜能

职业规划不仅可以帮助人们正确认识自身的特点，客观分析自身的优势和劣势，而且有助于人们确定自己的职业兴趣、人生观和价值观。通过对职业要求与个人能力的比较分析，人们可以确定自己在职业技能方面的差距，进而通过科学可行的方法开发自己的潜能，增强自己的职业素养。

（二）促使个人在发展中更有目标和动力

职业规划如一张生命蓝图，引导人们朝着自己的职业理想而努力。人生如果没有目标，就失去了行动的动力。人只有做出恰当的职业规划，为未来的发展树立目标，并按照规划和目标脚踏实地地去努力，才有可能一步步走向成功。

（三）帮助求职者做出理性选择

一个人是否具有合适的职业规划，将直接影响他的职业选择。研究者在对职业规划

的明确性与职业选择的满意度之间的相关性进行研究后发现：一个人的职业规划越明确，他对自己的职业选择越满意；相反，职业规划越不明确，他对自己的职业选择越不满意。在现实生活中，有些人因为不理解职业规划的确切含义，没有认识到职业规划的重要意义，不了解职业规划的程序和技巧，以致在选择职业时随波逐流，无法做出科学理性的决策。

（四）协助个人做好充分的准备

当今社会，求职竞争加剧，细节即可决定职业生涯的成败。人们在求职时，需要充分掌握个人与职业的有关信息，科学地分析主客观形势，做到知己知彼，以不变应万变。职业规划可以帮助人们对自我、职业和环境进行深入的剖析，对各种求职信息进行综合评估，并在此基础上做出正确的决定。

【课堂活动】

你的人生志向

[活动目的]

通过活动，促使每位同学对自己的人生梦想和方向进行思考。

[活动步骤]

1. 认真思考问题，并填写表格。

你梦想一生能够完成的五件大事	梦想的起因和根据	何时完成
①		
②		
③		
④		
⑤		

2. 以小组为单位，填完表格后，同学之间进行分享及交流。

(1) 你的职业理想是什么？现在距离它有多远？

_____

_____

_____

(2) 为了实现自己的职业目标，你打算做什么准备？

_____

_____

第二节 大学生职业规划与发展

不为明天做准备的人永远不会有未来。

——卡耐基

【案例引导】

学长的困惑

宋健的学长陈冬毕业有一年多了,如今在镇中学当一名老师。某天陈冬回母校,给宋健打电话,两人一起出去吃了个饭。宋健发现陈冬有些愁眉苦脸的,而且黑眼圈也特别严重,便问道:"是不是有什么心事啊?看你状态不太好。"

陈冬轻叹了口气,说道:"也没什么,就是感觉未来有些迷茫。工作也这么久了,感觉自己有很长的路要走,还有很多的坡要爬,可是突然一下子就没有了方向,不知自己该做些什么。虽然我毕业后很幸运地成为教师,学校也给了我很多展示自己才能的机会,比如学校的文艺汇演、运动会、辩论赛等,都有我的发挥余地。一年多以来,我得到了领导和同事的认可,他们对我尽是表扬和赞美之词,却很少有人能正面提出我的缺点,或许他们根本就不想观察我的不足。但我知道我身上有很多缺点,我希望能有一个人在前面拉拉我,因为有时候,我真的特别无助……"

宋健听后,沉默了许久,问道:"你毕业之前,想没想过如何去做一个好老师?"

陈冬回道:"当然想过,在此之前,我给自己制定了一个职业规划,可是当我真正工作后,发现有很多地方都不太一样,这也是让我如此苦恼的原因。"

宋健说道:"那你可以根据实际情况,调整自己的职业规划啊。"

陈冬:"我也这样做了,可是结果并不理想,我也不知道该怎么办了。"

通过陈冬的案例,你认为他的问题出在哪?你认为职业规划对于未来人生发展的影响大吗?让我们一起来探讨一下。

一、大学生职业规划存在的问题

(一) 规划意识淡薄

很多大学生对职业规划没有深刻理解,职业规划的意识淡薄,没有针对个人的具体情况制定科学合理的职业规划,在就业过程中也缺乏对个人职业生涯的设计。显然,大学毕业生中存在较为严重的盲目择业现象,而近年来不断加大的就业压力更是加重了这种趋势,使很多毕业生不得不面临"毕业即失业"的尴尬局面。

(二)目标模糊、不切实际

我想要什么？我想成为什么样的人？我能做什么？我的优势在哪里？这些问题看上去比较容易回答，但是每个人要说出社会需要、自己拥有而他人没有的优势却不是一件容易的事。大学生制定的职业目标模糊，没有坚定的职业理想，就会被一时的风吹草动所左右，导致盲目从众，急于求成，不考虑自己的实际情况等不良后果，比如当前校园里盲目出现的外语热、考证热、出国热等。盲目的攀比追求与选择，不仅影响个人目前的就业，而且会对以后的职业发展产生不利影响。实际上，制定的目标偏高与偏低都难起到激励的作用，不利于自身的职业发展。因此，大学生最好根据自己的专业知识做出职业规划，在假期走进社会，积累一些工作经验，以便尽早了解职业环境、了解社会。

(三)自我认知不足

随着年龄的增长、知识的增加，大学生自我意识和自我认知能力不断增强。然而，自我认识往往还不全面，对事物的观察和思考容易理想化，心理并不完全成熟，不能正确评价自己的优势与劣势，当所定的目标与现实相差太远就会产生自责、自怨、自卑的心理，不能正视择业过程中的不合理现象，承受不起挫折和失败。另外，很多大学生仍然存在"铁饭碗""精英就业""学而优则仕"等观念。这样的观念导致学生对自己缺乏准确的定位，很难找到匹配的工作。经过多次失败的教训后，学生最终实现了准确的定位，却失去了机会。

【课堂活动】

SWOT 分析

[活动目的]

引导并帮助学生一起分析自我的优势和劣势、面临的机会和威胁。

[活动步骤]

SWOT 是 4 个英语单词的缩写，S 代表优势，W 代表劣势，O 代表机会，T 代表威胁。

(1) 优势分析。找出自己出色的地方，特别是其他竞争对手可能没有的优势。

(2) 劣势分析。找出自己与其他竞争对手相比较落后的方面。

(3) 机会分析。找出有利于职业选择和职业发展的机会。

(4) 威胁分析。找出存在潜在危险的方面。

(5) 通过分析掌握自身情况，合理规划自己的个人职业生涯。

[活动感受]

这一活动对你的职业选择有帮助吗？请具体说明。

(四)职业准备不够

职业准备，不仅包括良好的专业知识、健康体魄、健全的心理、面试与求职技巧、简历制作，还应该具有将知识转化为实践的技能等，这些都是职业准备的重要组成部分。只有做好了职业准备,才有可能在就业机会来临时抓住机遇,否则一旦失去了机会,就会后悔莫及。大学生在就业中出现的问题有许多是由于职业准备不够造成的,其中最明显的一点就是缺乏在校期间针对职业岗位的实践经历。由于缺少工作经验,大学生的求职简历千人一面,没有特色,更不会强调自己的优势和为什么适合这份工作。

(五) 实践能力缺乏

虽然大学生对职业规划有所了解,许多人也制定了自己的职业规划,但是很多大学生并没有从实际行动来为实现这些目标而努力。有的大学生虽然可以拿出一大堆证书,如计算机等级证书,但实际的计算机操作能力却相对薄弱;有的大学生选择了兼职,参加各种职业资格证书考试,但并没有与自己未来的职业联系起来,缺乏对理想职业的全面认识,从而也很难有针对性地提高自己的实践能力。

【心灵鸡汤】

不可在犹豫中错失良机

法国哲学家布里丹养了一头小毛驴,每天向附近的农民买一堆草料来喂。

有一天,送草料的农民出于对哲学家的景仰,额外多送了一堆草料,放在旁边。这下子,毛驴站在两堆数量、质量相同,并且与它距离完全相等的干草之间为难坏了。虽然它享有充分的选择自由,但由于两堆干草价值相等,客观上无法分辨优劣,于是它左看看,右瞅瞅,始终也无法分清究竟选择哪一堆好。

于是,这头可怜的毛驴就这样站在原地,一会儿考虑数量,一会儿考虑质量,犹犹豫豫,来来回回,在无所适从中活活地饿死了。

我们在生活中也经常面临着种种抉择,如何选择与人生的成败得失关系极大。因为人们都希望得到最佳的抉择,所以常常在抉择之前反复权衡利弊,再三仔细斟酌,甚至犹豫不决,举棋不定。但是,在很多情况下,机会稍纵即逝,并没有留下足够的时间让我们去反复思考,反而要求我们当机立断,迅速决策。如果我们犹豫不决,就会两手空空,一无所获。

二、求职择业心理问题的应对策略

选择职业,就是选择未来。每个毕业生,如果正确地选择了职业,就是为未来的成功奠定了良好的基础。为此,毕业生要把握好机遇,迎接挑战,争取迈好走向社会的第一步。随着就业市场人才竞争的日趋激烈,社会对毕业生心理调适能力的要求也越来越高。在充满竞争和挑战的就业大潮中,毕业生只有具备良好的就业心态,才能适应变化着的就业市场,找到理想的工作单位。

（一）面对现实，把握自我

现实是客观存在的，包括主体（自身）和客体（社会）。敢于面对现实就是指要敢于正视社会，正视自身。应当看到，社会的转型正极大地改变着人们的思维方式和行为方式。在科教兴国战略思想的指导下，国家越来越重视知识，重视人才。这种社会氛围无疑为毕业生求职择业创造了良好的外部条件，为那些有真才实学的毕业生提供了施展才华的广阔天地。然而，毕业生也必须看到，我国还是一个发展中国家，生产力还比较落后，就业地区的环境、经济水平、工作条件等还存在一定的差别，毕业生就业市场还不够规范，不良现象在一定范围内仍然存在。并且随着人事制度改革的深入，用人单位的自主权扩大，对毕业生的要求不断提高，这些都给毕业生求职择业增加了难度。这就要求毕业生面对人才市场，认清社会需求，克服"主见缺乏症"，消除从众心理，正视自身，学会进行自我分析、自我评价，正确地了解、认识自己，恰当地评价自己，将个人的主客观条件与社会职业岗位相对照、相匹配，善于制定符合自己实际情况的就业目标，不人云亦云，也不相互攀比，既不妄自尊大，做力不能及的事，也不妄自菲薄，放弃可能发展的机会，更新择业观念，根据社会需要选择适合自己的工作。

【心灵鸡汤】

你真的了解自己吗？

一个年轻人，毕业后无事可做。他父亲将他介绍给一位朋友，希望朋友能够帮他找一份工作。年轻人按约定的时间到了他父亲朋友的面前。

"你有什么特殊才能吗？"父亲的朋友问。

"对不起，先生，我没有。"年轻人低着头小声地回答。

"你懂会计吗？"

"对不起，先生，我不懂。"

"你会财务管理吗？"

"对不起，先生，我也不会。"

"你懂机械吗？"

"对不起，先生，我不会。"年轻人涨红了脸，声音也越来越小，他觉得来这完全是错误的决定。

"你什么也不会，让我怎么给你介绍工作呢？"父亲的朋友摇头叹道，"那你先填一张表格，留下姓名和联系方式，我尽力帮你找找看"。年轻人觉得很尴尬，飞快地填完了表格，准备立马回家好好地待着，免得在外面丢人现眼。就在年轻人准备出门的时候，父亲的朋友叫住了他："嘿，小鬼，你的字写得很不错啊！""是的，先生，我练过。""我想我可以帮你找到工作了。"果如其言，这位年轻人在不久之后就被安排了一份工作，后来成为世界著名的人物。这个年轻人就是大仲马。

想一想：你从这个故事中收获了什么？

（二）拼搏进取，勇于竞争

竞争自古有之，中外皆然。人类从钻木取火、茹毛饮血的原始社会进化到太空遨游、试管婴儿的时代，其间经历了不计其数的竞争。而社会发展到今天，竞争更是无处不在。有人认为，人生本来就是一场竞争。也有人认为，一个人最大的幸福就是在竞争中取胜。生活往往给人这样的启示，那就是人应当具有这样的品质——在富有挑战性的工作面前，敢于拼搏，乐于进取。

1. 毕业生应有敢于竞争的勇气

竞争是个人发展、社会进步的真正动力，如毕业生就业制度的改革本身就体现了一种竞争机制，目的在于培养和强化竞争意识。作为磨砺数载的毕业生应敢于在沧海里扬帆，在长风中破浪。人生能有几回搏？先贤有言："大胆天下去得，小心寸步难行。"居里夫人也说过："弱者坐待时机，强者创造时机。"在求职择业过程中，任何胆小怕事、羞怯自抑的想法和做法都是不可取的。

2. 竞争需要实力

竞争是人与人的交锋，是力与力的较量。所谓有没有"实力"就是：是否具备了扎实的专业基础知识；是否具备了与社会发展相适应的观念；是否具备了处理纷繁复杂的人际关系的能力及健康的身体；最重要的还在于是否具备了拼搏进取，胜不骄、败不馁的心理素质。

3. 竞争要有受挫的心理准备

竞争的目的在于成功，但并不是每个人每次竞争都能成功。因此，毕业生在参与竞争前，一定要有充分的思想准备，争取赢，也要认输。凡有成就的人，无不经受过挫折与磨难。贝多芬说过，卓越之人的一大优点是，在不利与艰难的遭遇里百折不挠。竞争就是有输有赢，毕业生就业要做好输了也可以重整旗鼓、再度出击的心理准备。

（三）适应环境，放眼未来

就业是人生大事，每个毕业生都会认真地对待。现行的就业制度使不少毕业生通过"双向选择"而获得了满意或比较满意的工作。由于种种原因，有一部分毕业生未能如愿：有的专业不甚对口或者根本不对口；有的工作地域偏僻且条件差等。凡此种种，都需要毕业生有清醒的头脑、客观的态度，能正视现实，适应环境，放眼未来。

（四）适时调整心情，保重身体

择业阶段是紧张辛劳的，易身心疲惫，要特别留意自己的健康。毕业生应该明白：有"本钱"才能打持久战，健康的身体是健全精神的物质基础，心理健康又对躯体健康有着重要的保证作用。医书上说，七情不调，会生百病。大量的实验研究和临床实践表明：中枢神经系统功能过度紧张、紊乱，会诱发种种疾病；如果有长期的心理矛盾，压抑愤怒、强烈不满等不良情绪，更易引发疾病。在紧张劳累的求职择业竞争过程中，毕业生有可能受到用人单位的青睐而找到一份满意的工作，也有可能在激烈而残酷的竞争中被无情地淘汰。无论成与败，毕业生都应学会调整自己，努力保持心态平衡。

三、大学生职业生涯发展

一般来说,大学生明确的职业目标是在大学期间产生的,职业规划也是在大学期间逐渐形成的。做好职业规划,还需要培养职业能力,这样才能促进职业生涯发展。

职业能力是人们从事某种职业的多种能力的综合。如果说职业兴趣能决定一个人的择业方向,以及在该方面所乐意付出努力的程度,那么职业能力则可以说明一个人在既定的职业方面是否能够胜任,也可以说明一个人在该职业中取得成功的可能性。由于职业能力是多种能力的综合,因此我们可以把职业能力分为以下几种。

(一) 一般职业能力

一般职业能力主要是指一般的学习能力、文字和语言运用能力、数学运用能力、空间判断能力、形体知觉能力、颜色分辨能力、手眼协调能力等。此外,任何职业岗位的工作都需要与人打交道,因此人际交往能力、团队协作能力、环境适应能力,以及遇到挫折时良好的心理承受能力都是我们在职业活动中不可缺少的能力。

(二) 专业能力

专业能力是指从事某一职业的能力。在求职过程中,招聘方最关注的就是求职者是否具备胜任岗位工作的专业能力。例如:你去应聘教学工作岗位,对方最看重你是否具备最基本的教学能力。

(三) 职业综合能力

这是国际上普遍注重培养的"关键能力",主要包括四个方面:一是跨职业的专业能力,包括运用数学和测量方法的能力、计算机应用能力、运用外语解决技术问题和进行交流的能力。二是方法能力,包括信息收集和筛选能力,制订工作计划、独立决策和实施的能力,准确的自我评价能力和接受他人评价的承受力,能够从失败经历中有效地吸取经验教训的能力。三是社会能力,主要是指一个人具有团队协作能力、人际交往能力和善于沟通的能力,能够协同他人共同完成工作,对他人公正宽容,具有准确裁定事物的判断力和自律能力等,这是岗位胜任和在工作中开拓进取的重要条件。四是职业道德,随着中国经济体制改革的深入、社会主义法制的不断健全完善,人的社会责任心和诚信意识将越来越受重视,假冒伪劣将越来越无藏身之地,一个人的职业道德会越来越受到全社会的尊重和赞赏,爱岗敬业、工作负责、注重细节的职业人格会得到全社会的肯定和推崇。

【知识延伸】

职业规划调整的注意事项

(1) 听从心的召唤

在评估过自己的能力、特长和专业方向之后,一定要顺从心的选择。很多年轻人容易被物质条件、社会评价和同类攀比等多种因素影响了自己的判断和选择。相信自己的直觉,在判断自己的职业前景时一定要让心说话:我会热爱这样的职业,我有能力接受职业带来的挑战,我相信自己会干出好成绩……如果有了这样的召唤,请不要再犹豫和彷徨。

(2)职业规划调整要有大目标

职业规划好比人生规划,如果局限在个人前途和个人利益方面,那么此生也就仅仅是一个自我满足的一生。按照马斯洛的需求层次理论,我们每个人在求得温饱、安全之后,会渴望被人认同、被人尊重,甚至有自我理想实现的要求,所以我们在调整职业规划时必须要有一个大目标,并且还要带有一定的社会责任感。

(3)在调整中完善

职业规划有明显的阶段性特征,所以在不同发展阶段都必须做出相应的调整,甚至是改变。但职业发展的宗旨是不变的,就是通过职业发展的机会,体现个人的价值,为社会做出应有的贡献。所以有了这样长期而又宏观的视野,就会根据自身状况的改变而做出适当的调整。职业规划不是将职业目标定得越高越好,而是要切合实际、具体可行、有计划且能一步步完成的规划才是最好的职业规划。

【课后思考】

1. 通过本章的学习,你认为职业规划的意义有哪些?
2. 在进行职业规划时,应注意什么?

【心灵书吧】

《拆掉思维里的墙:原来我还可以这样活》

作者:古典
出版社:中国书店出版社
出版时间:2010 年 9 月
ISBN:9787806638866
开本:16
包装:平装
内容简介:

这是一本融合了心理学和职业规划的书。也许你会觉得它深奥,也许你会觉得它无趣,也许你会觉得它功利,但在你翻开书页的那时起,你会将预定的假设全部推翻。作者古典延续了当年在新东方当老师的幽默口才,把心理学的知识讲得深入浅出、绘声绘色。而在这个讲求个性张扬的年代,古典更希望打破每个人头脑里预设的层层障碍,找出自己真正的兴趣和特长,成长为自己本来的样子。

【影片有约】

《穿普拉达的女王》

剧情简介：

该片讲述一个刚从学校毕业想当记者的女孩子安迪在寻找工作无果的情况下进了一家顶级时装杂志 Runway 给他们的总编当助手。然而好景不长，很快她发现她的工作简直是噩梦，因为这个女总编米兰达对待所有的人都是那么尖酸刻薄，紧张的气氛蔓延在整个杂志社。

在影片中，这个时尚的女魔头无论公事私事都交给助手打理，把这个可怜的女孩折腾得苦不堪言。安迪的态度从一开始的得过且过、不得不为工作而改变自己，到后来主动换上了在圈子里的时尚衣服，完美地完成了她的工作。但最后通过与女魔头的交谈，她发现自己得到了工作，却失去了家人和朋友，并且还为了工作上的进步将别人狠狠地打压了下去之后，毅然离开了杂志社并寻回了自己失落的幸福，最终成为一个出色的职场和时尚达人。

第十一章

心理咨询与心理障碍识别

【引言】

随着时代的不断发展、生活及就业压力的加大,每个人都面临各种各样的挑战。尤其是对于大学生来说,大学是人生发展的重要时期,也是身心逐渐走向成熟的关键阶段。在这一过程中,对于未来的迷茫与困惑也接踵而来,心理可能会出现一系列的问题。在这一背景下,心理咨询活动在我国各大高校纷纷展开,也使人们认识到心理咨询对于大学生成长的重要性。那么,究竟什么是心理咨询呢?本章学习目标如下:

(1)了解心理咨询的概念、原则,以及大学生心理咨询的具体内容,对于常见的心理咨询和治疗流派有明确的认识。

(2)正确认识心理障碍的概念,了解大学生常见的心理障碍,并学会如何识别和扫除这些常见的心理障碍,以促进大学生健康、快乐地成长。

【案例引导】

吴尊的徘徊

吴尊进入大学后,一直失眠,每天晚上在床上辗转反复,迷迷糊糊很久才能勉强睡着,第二天总是困倦得不行,上课时更是哈欠连天,老师讲的课也听不进去,书本更是看不懂。吴尊之前成绩非常好,总是名列前茅,可是到了大学后就变成了这个样子。而且,他发现周围的同学都有自己的理想和目标,而自己却不知要做什么,每天浪费了很多时间却毫无收获,便越发觉得自己没用。

他给自己高中最好的朋友孙强打电话诉苦:"小强,我感觉自己很难受,这段时间特别郁闷……"孙强一边耐心听吴尊诉说,一边在脑海里思索着如何给他建议,突然他想起今天班里发下来的心理手册,便说道:"要不然你去做个心理咨询?"吴尊沉默片刻,问道:"心理咨询?是不是心理有问题的人才能去?"孙强也不知道心理咨询到底是什么,便说道:"你先去看看,不要想太多,有什么结果,第一时间告诉我。"

通过吴尊和孙强的对话,可以看出,两人对心理咨询并不太了解,那么你对心理咨询了解多少呢?假设你是心理咨询老师,你会如何帮助吴尊呢?

第一节　大学生心理咨询

> 尊重生命、尊重他人,也尊重自己的生命,是生命进程中的伴随物,也是心理健康的一个条件。
>
> ——弗洛姆

一、心理咨询的概念

心理咨询是心理咨询师协助来访者解决心理问题的过程。心理咨询师运用心理学的理论、方法、技术帮助来访者就问题进行分析、研究和讨论,找出问题的根本原因,并指导和启发来访者,与其一起探讨出解决的方法,从而解决其心理困扰,使其克服心理问题,清除烦恼,维护身心健康。目前国内高校已经全面普及心理咨询,建立了心理咨询中心,配备了心理咨询师,面向全体在校学生提供免费心理咨询服务,帮助大学生克服各种心理困难,消除各种烦恼,保证他们在大学期间健康地成长。

【知识延伸】

心理咨询与心理治疗的区别

心理咨询与心理治疗有两大不同。

(1) 工作对象不同

心理咨询的对象是在生活、学习、工作、情感、人际交往、疾病康复等方面出现心理困惑、心理问题,然而自我控制力和自我觉察能力良好、思维逻辑清楚、工作和生活仍能正常进行的非心理疾病人群。

心理治疗的对象是有心理障碍、心理疾病的来访者,指的是患有符合疾病诊断标准的强迫症、恐惧症等神经症,躁郁症、抑郁症等心境障碍,精神分裂症、人格障碍、进食障碍、躯体形式障碍等的病人。

(2) 要求的专业资质不同

心理咨询要求由取得人力资源和社会保障部颁发的心理咨询师资格证书的专业技术人员执业;心理治疗则要求由取得人力资源和社会保障部、国家卫生健康委员会颁发的心理治疗师资格证书的医务人员执业。

二、心理咨询的原则

心理咨询的原则是心理咨询人员在心理咨询过程中必须遵守的要求,它是心理咨询工作得以顺利开展的基础,并决定咨询工作的成败和效果。心理咨询的原则主要有保密性原则、理解支持原则、积极心态培养原则、时间限定原则、自愿性原则、感情限定原则、重大决定延期原则等。具体内容如下。

1. 保密性原则

咨询人员要保守来访者的内心秘密,妥善保管来往信件、测试资料等材料。如因工作需要不得不引用咨询事例时,应对材料进行适当处理,不得公开来访者的真实姓名、单位或住址。

2. 理解支持原则

咨询人员对来访者的语言、行动和情绪等要充分理解,不得以道德的眼光批判对错,要帮助来访者分析原因并寻找出路。

3. 积极心态培养原则

咨询人员的主要目的是帮助来访者分析问题所在,帮助来访者培养积极的心态,树立自信心,让来访者的心理得到成长,自己找出解决问题的方法。

4. 时间限定原则

心理咨询必须遵守一定的时间限制。咨询时间一般规定为每次 60～90 分钟左右(初次受理时咨询时间可以适当延长),原则上不能随意延长咨询时间。限定每次咨询的时间,有助于将问题集中处理,可使求助者获得一定的安全感,充分珍惜并有效利用咨询时间,提高咨询效率。

5. 自愿性原则

心理咨询的求助者必须完全出于自愿,这是确立咨访关系的先决条件。没有咨询愿望和要求的人,咨询人员不会去主动找他(她)并为其提供心理咨询。只有他们自己感到心理不适,为此而烦恼并愿意找咨询人员诉说烦恼以寻求咨询者的心理援助,才能够获得问题的解决。心理咨询室的大门对任何人都是永远敞开的。

6. 感情限定原则

咨访关系的确立和咨询工作顺利开展的关键,是咨询人员和来访者心理的沟通和接近。但这也是有限度的。对于来自来访者的劝诱和要求,即便是好意的,咨询人员在终止咨询之前也是应该予以拒绝的。若是接触过密的话,不仅容易使来访者过于了解咨询人员内心世界和私生活,阻碍来访者的自我表现,也容易使咨询人员该说的不能说,从而失去客观公正地判断事物的能力。

7. 重大决定延期原则

在心理咨询期间,由于来访者情绪过于不稳和动摇,咨询人员原则上应规劝其不要轻易做出诸如退休、调换工作、退学、转学、离婚等重大决定。在咨询结束后,来访者的情绪得以安定、心境得以整理之后做出的决定,往往不容易后悔或反悔的概率较小。对此应在咨询开始时予以告知。

三、常见心理咨询与治疗流派

【案例引导】

段小露的痛苦

程佳的同学段小露最近精神状态有些不好,原因是前两天她的男朋友和她提出分手了。段小露心里特别难受,她想不明白,曾经两个人关系是多么亲密,现在却和陌生人一般。她和她的男朋友是青梅竹马,两个人从高中开始便确定了恋爱关系,一直到大学。这期间也曾吵过架,但从未像这次一样,她的男朋友特别干脆地提出了分手,没有任何回旋的余地。段小露不知道自己到底哪里做错了,她觉得自己快崩溃了。

后来,程佳看她这般痛苦,便想带她去心理咨询中心。可是段小露拒绝了,她觉得自己又没有心理问题,为什么要去那种地方啊。随着时间的流逝,段小露的痛苦并没有因此而减轻,反而更加痛苦。

程佳突然想到也可以进行电话咨询,于是她和段小露拨通了心理咨询热线。段小露把一些基本的情况和那边的老师交流了一下,心理咨询的老师十分热情且耐心地帮助她分析问题,并给出了一系列的解决措施。一个月后,段小露慢慢地从失败的恋情中走了出来,整个人看起来状态好了很多。

通过这个案例,我们可以知道在遇到心理困惑或难题时,通过电话心理咨询的方式去解决遇到的问题也是一个不错的选择。那么你对电话心理咨询了解多少呢?其实,除了电话心理咨询,还有很多常见的心理咨询方式。

(一)常见的心理咨询

随着时代的不断发展、生活压力的增大,心理咨询成为人们越来越关注的话题。通过心理咨询,可以帮助人们解决心理难题,促进其心理健康。具体来讲,常见的心理咨询有以下几种。

1. 门诊心理咨询

在综合医院、精神卫生中心和卫生保健部门均可设置心理咨询门诊,由专业的心理咨询人员接待来访者。通过这种形式的心理咨询,咨询人员可以与来访者直接见面,进行面对面的对话,故咨询较深入,效果较好。

2. 信函心理咨询

通过信函心理咨询的多为外地需求心理咨询者,或本地需求咨询者出于暂时保密或试探心理,故以信函开路。通过这种形式,只能初步了解情况,对来访者进行安抚和稳定情绪,却无法面对面深入磋商,故最终还是会来门诊咨询。

3. 电话心理咨询

多为处于急性情绪危象、濒于精神崩溃或企图自杀的人,拨专用电话向心理咨询门诊告急、诉苦和求援。在某些发达国家,这种电话心理咨询往往非常专业化,成为热线中心,24小时均有人值班。接到电话呼救后,中心会立即派出人员赶至当事人家中,处理急性情绪危象,安定情绪,制止自杀行为。对一些不愿面谈和怕暴露身份的人,通过电话咨询也比较方便。目前,在国内许多城市都已设立了一些热线电话为需要咨询者服务。

【心理辞海】

电话心理咨询

电话心理咨询是指由专业人员或受过训练的准专业人员向来电者提供心理服务,与其探讨个人遇到的心理烦恼和困惑。咨询采取一对一的保密形式,没有"听众",来话者也不透露真实身份和姓名。

4. 专题心理咨询

针对公众关心的心理问题,在报刊、电台、电视台进行专题讨论和答疑。国内有些报刊已经开辟了心理咨询专栏,系列化讨论和回答公众质疑。这种形式具有心理卫生宣传性质。

5. 互联网心理咨询

通过互联网心理咨询可以突破地域的限制,还可以凭借行之有效的软件程序进行心理问题的评估与测量,同时将心理咨询过程全程记录,以便深入分析求助者的问题以及进行案例讨论等。

(二) 主要治疗流派

【心灵鸡汤】

一日,众治疗师出游,忽见前方黄沙漫漫,一群饿狗飞奔而来。

经典行为治疗师:"给我拿根大点儿的电棒来!"众狗愕然,止步。

催眠治疗师:"你们很紧张吧,不要紧,现在跟我念'汪——汪——汪——'很好……注意你们嘴部放松的感觉,'汪——'放松……"众狗昏然欲睡。

系统脱敏治疗师:"现在你们想一下,你们最愿意吃的10个人是谁,从最愿意到最不愿意依次排列出来。"众狗望天苦思。

精神分析师:"其实,你们并不想吃人,只是想发泄俄狄浦斯期的攻击冲动。造成你们阉割焦虑的不是我们,是你们的狗爸爸,你们对我们出现了负性移情,你们的防御机制是转移、投射……总之,你们童年有创伤。"众狗凄然泪下。

来访者中心治疗师:"我也有你们这样的感受,实际上,我和你们一样也有狗性。我不想告诉你们怎样做,我相信,人有选择自己行动的自由。啊,错了,是狗。狗有让自己人格——狗格——走向健康的能力。相信我,没错的(深情注视)。"众狗号啕大哭。

系统家庭治疗师(向众治疗师拱手,低语):"诸位,且看兄弟乱枪戳狗。"(转向众狗)

"你们中有一两只狗有吃人的欲望,这实际上是你们这个家庭系统出了问题。狗老大,你对狗老二在家中的行为怎么看?狗老三,你认为狗老大和狗老二的关系怎样?狗老四……"话音刚落,众狗狂吠,打作一团,瞬间皆遍体鳞伤。

想一想:通过这个故事,你是如何看待心理咨询及其主要流派的?

心理咨询与心理治疗的流派有几百种,其中最常用的有三种,具体介绍如下。

1. 精神分析疗法

该疗法的创始人是奥地利精神病学家和临床心理学家弗洛伊德。该方法旨在破除来访者的心理阻抗,把压抑在潜意识中的冲突诱发出来,使来访者明确症状的实质,从而使症状失去存在的意义而消失。一般有四种方法:自由联想、梦的解释、阐释、移情。精神分析疗法较适合于心因性神经症等。应该说明的是,精神分析疗法在西方心理咨询和心理治疗中百年来长盛不衰,但由于文化背景不同,该方法在东方并不流行。

2. 行为主义心理治疗

行为主义治疗的理论来源于巴甫洛夫和华生的经典条件作用原理、桑代克和斯金纳的条件作用原理以及班杜拉的模仿学习原理。行为主义认为人的行为是个体为适应环境而产生的躯体反应的总和。人的不适应行为是在环境中受到不良强化和不良模仿习得的,因此,通过学习消除不适应的行为,个体就可以获得缺少的适应行为。行为主义的治疗技术通常是从实验中发展而来的,即以实验为基础。行为主义治疗常用的技术有系统脱敏疗法、冲击疗法、厌恶疗法、放松疗法等。

3. 认知疗法

认知心理学认为人的心理行为受人的认知支配,某些个人心理问题主要是在错误的前提下对现实曲解的结果。作为一种心理治疗方法,它不同于一般的教育、批评、促膝谈心,而是有特殊的方法、技术和程序。首先,咨询老师应与来访者一起找到靶症状,即要消灭的不良症状;其次,分析导致靶症状的认知,这种认知既然是引起症状的原因,那么它就是不恰当的或是错误的;最后,应帮助来访者重建认知,通过说理、解释等方法,督促来访者去练习更换原有的看法和态度,重建功能性的、健康的看法与态度,以便借助这些新的认知来产生健康的心理与适应性的行为。当然,运用认知疗法重建新的认知结构,主要是改变思维方法,很难一下子改变价值观、世界观、人生观。

四、大学生心理咨询内容

【案例引导】

刘昕的自述

我出生在一个城市家庭,父亲从事建筑行业,母亲是一名公务员,还有一个弟弟,比我小七岁,目前上初二,我还有一个奶奶,和我们住在一起。我自小就由奶奶抚养。奶奶和母亲关系不和,她们总是吵架,奶奶脾气大,让母亲受了很多委屈,吃了很多苦。父亲因此也觉得对不住母亲,处处忍让着母亲,使得母亲脾气也越来越大,整个家庭氛围十分紧张。

我认为自己很懂事,学校里的事我都自己一个人应付,不给家里任何人添麻烦。放假在家的时候,我会买菜、洗衣、做饭,可是无论我做什么都会遭到母亲的责备。后来有一段时间,我特别叛逆,开始顶撞母亲,母亲也因此更加生气,甚至打骂我,有几次我都离家出走了。与此同时,我也很担心弟弟,害怕在这种家庭环境下,他的学习会受到影响。

进入大学后,我不愿与人交流,害怕与人发生矛盾。每当同学之间有矛盾时,我就躲开,因为我会头疼,特别疼,我只希望安安静静地坐在角落里。有时候看到同学们在一起嬉笑、打闹,我就觉得自己好孤单,却又不知该如何去做。

假设你是心理咨询老师,你会如何去帮助刘昕呢?刘昕身上存在的问题可能很多大学生也遇到过。当大学生遇到这种难题时,就容易产生一些情绪困扰,却又无法自行调整,此时可以寻求心理咨询的帮助。那么,大学生心理咨询包括哪些内容呢?让我们一起来学习一下。

(一) 以心理发展为中心的咨询内容

人的心理发展主要包括儿童期、青春期和青年期。儿童期是个体在与外部世界发生联系的过程中认识到自身的存在。处于青春期的人,开始注意到自己内心还存在一个"我",开始将注意力转移到发现自我、关心自我的存在上。到了青年期,这种对自我的关心日益强烈。对于大学生来说,其心理正处于发展与成熟的关键时期,他们开始认识自我,在自我认识的过程中,其心理发展也产生了一定的变化。对于这种变化带来的影响,大部分学生可以自行调整,但一小部分学生却陷入了自我怀疑。

(二) 以校园适应为中心的咨询内容

从中学跨入大学,进入新的校园环境,有一部分新生不能很好地适应大学生活,无法融入新环境、新角色,处于困惑迷茫之中,于是出现了适应问题。一部分学生缺乏独立生活的能力,无所适从,无法习惯新的校园环境,出现心理应激状态;一部分学生不能适应大学的学习方式,没有及时掌握大学的学习方法,曾经的学习优势不复存在,造成情绪低落和精神压力;一部分学生不能适应大学里的人际交往,无法和舍友、同学磨合,人际关系困难,情绪抑郁。因此,校园生活适用不良等问题也是大学生心理咨询的内容。

(三) 以心理问题处理为中心的咨询内容

由于多年的校园生活,大学生对现实和未来常常抱有不切实际的幻想,导致理想和现实存在较大差距。再加上家庭及社会条件的影响,使得大学生心理出现落差,且短时间内又无法消除,便出现了一系列心理矛盾和冲突。这些矛盾和冲突就是造成心理问题的主要原因。以心理问题处理为中心的内容也成为咨询的一大重点。

(四) 以择业就业指导为中心的咨询内容

随着高等教育由"精英教育"过渡到"大众化教育",大学毕业生就业难已成为当今社会普遍关注的热点问题。严峻的就业形势使得在校大学生产生了巨大的思想压力。大学生心理普遍不够稳定，认识问题和分析问题的能力存在一定的局限性，生理发育和心理发育明显不同步。加上他们又无工作经验，对自我和社会的了解有限，在求职择业过程中往往会出现各种心理冲突和困扰，这时就需要心理咨询的帮助。

第二节　大学生常见的心理障碍与识别

【知识延伸】

心理健康状况调查

根据世界卫生组织的估计，在同一时期内，几乎有20%～30%的人有不同程度的心理异常。在年满20岁的成年人口中，抑郁症患者在以每年11.3%的速度增加。近20年来，全球有5 000万人，即近1%的人口在经受着精神分裂症的痛苦折磨，而患有轻度心理疾病的人则有3亿左右。北京16所高校所做的调查显示，近几年来，在本科生中因心理疾病休学的人数占因病休学总人数的37.9%，因心理疾病退学的人数占因病退学总人数的64.4%，均居首位。

根据这则材料，可见心理障碍给大学生的学习和生活造成了很大的负面影响。那么，你知道心理障碍到底指的是什么吗？接下来，让我们一起来学习一下。

一、心理障碍的概念

心理障碍是指一个人由于生理、心理或社会原因而导致的各种异常心理过程、异常人格特征的异常行为方式，即一个人表现为没有能力按照社会认可的适宜方式行动，以致其行为的后果对本人和社会都是不适应的。

【心理辞海】

心理失调

心理失调，是人的心理活动过激或不足以及心理活动异常的表现。心理失调包括心理偏差和心理障碍。随着经济的发展、社会压力的增大，越来越多的青少年出现了心理失调问题。

当心理活动异常的程度达到医学诊断标准，我们就称之为心理障碍。心理障碍是这类心理异常的临床表现或症状，不把它们当作疾病看待。此外，使用心理障碍一词容易为人们所接受，能减轻社会的歧视。

二、大学生常见的心理障碍

(一) 心理疾病

神经症又名神经官能症,这个名称是人们对心理疾病认识不准确的产物。原来人们认为,心理疾病是一个人的神经系统出了问题而导致的心理病变。实际上,现代研究证明它是一组轻度的精神疾病,没有可证实的脑器质病变作为基础,是大脑功能失调而引起的一类心理疾病。

1. 抑郁症

具有抑郁症的大学生常表现出对未来的无望,缺乏自信,不相信自己有能力改善目前的不利处境。这种心理状态会影响大学生正常功能的运转,并常引起其生理上的一系列变化,比如失眠或睡眠过多、焦虑、食欲减退或贪食、对平时常参加的活动不感兴趣等,严重的表现为思维迟钝、情绪低落、意志减退。

大学生抑郁产生的原因:一是过于追求完美,对自己要求过高;二是来自外界的压力,如沉重的学习压力、各种激烈的竞争、失恋、人际关系紧张、环境不适等,使当事人感到自己无法排解而烦躁。

2. 焦虑性神经症

焦虑是一种指向未来的情绪状态,是源于对未来某事件的无法预测和不可控感所引发的紧张不安。焦虑虽然是一种痛苦的情绪体验,但具有重要的适应功能。研究发现,适度的焦虑能提高个体的潜能和工作学习效率。但是如果对任何事情都不加区别地担心,而且这种担心明显没有对象性,也无法停止,并且影响到了正常的生活,引起了自己和周围人的痛苦,那么这种担心焦虑就是一种病理性的,叫焦虑性神经症。

【课堂活动】

自我焦虑的测试

这是一组关于自我焦虑情况的测试题,请根据自己的实际情况,每道题以"是"或"否"作答。

1. 如果你独自在黑暗中是否感到有一些害怕?
2. 你是否经常觉得自己责任太重,而想减轻一点?
3. 你是否在意别人如何对待你?
4. 你是否常被突如其来的电话铃声吓一跳?
5. 你操心生活中的琐事吗?
6. 你会担心自己的健康状况吗?
7. 你关心钱的问题吗?
8. 旅行时,如果你与其他人走散了,你会害怕吗?
9. 你是否常需要服用安眠药方可入睡?

10. 到了该入睡的时间,你是否仍然会躺在床上反复考虑一些事情?
11. 为使自己平静下来,你是否常常服用一些镇静安神的药物?
12. 你是不是十分自我主义?
13. 在你十分生气或紧张时,声音会不会出现颤抖的情况?
14. 你是否很容易害羞、脸红?
15. 你能不能很快地让自己放松下来?
16. 你是否比其他人更容易感到烦恼?
17. 你是否总是对某种事放心不下?
18. 你是否很容易感到坐立不安?
19. 你是否经常会觉得恐慌?
20. 你是否将身边重要文件及财物都收拾妥当,一旦有危险便可以从容离去?
21. 你是否常被一些毛病如消化不良、发疹之类困扰,并且因此感到很烦恼?
22. 你是否不太能忍受噪声?
23. 你是否会因为小事而常常被激怒?
24. 有了差错或遇到挫折时,你会感到十分不安和忧虑吗?
25. 如果别人取笑你,你心中会惶惶不安吗?
26. 外出或睡前,你是否都要多次查看门窗有没有真的锁好?
27. 在外出赴宴、开会等社交活动前,你是不是会感到有些紧张?
28. 如果朋友们要到你家来聚会,你是否会为此准备上好几个小时?
29. 在社交场合中,你是否常会觉得面红耳赤?

测评方法与分析:

每小题选择"是"得1分,选择"否"得0分,把各题分数相加得总分,根据总分进行分析。

10分以上:看得出你为生活操心。分数越高,你越容易焦虑,越易于承受各方面的精神压力。因此你常为一些不值得担心的事而放心不下,甚至于被激怒、无故发脾气、烦躁不安。

4~9分:这表明你一般可以较好地控制自己的情绪,但依然有些焦虑。

3分以下:你的心境平和如镜。在面对诸多问题时,你阵脚不乱,应付自如,带着微笑与必胜的信念迎向生活。

3. 强迫症

我们每个人有时会有一些令人难以接受的想法,如:锁好门了吗?暖壶盖盖好了吗?进门是先迈左脚还是右脚?大多数人出现这些想法时,很少去关注它,但是强迫症患者就不同了。

【案例引导】

唐强的强迫症

唐强进入大学后，觉得生活过得一团糟。比如穿裤子时，皮带系紧了他感觉影响自己的呼吸，系松了又影响个人形象，他便为把皮带扣在第四个眼还是第五个眼中纠结，如此反复十几次。最近除了前述症状加重外，还出现反复地洗手，有时一天甚至洗十几遍，出门时还会反复检查门窗是否关好，担心做事情没有做好而反复检查。他也不知道为什么，就是感觉如果不这样做就不舒服。他也尝试去抑制上述行为，但每次都以失败而告终，他觉得自己没有别的选择，必须做那些事。这种情况一直持续到现在。他有一对哑铃，看到它就想拿起来砸，舍友担心他控制不住自己把哑铃扔到了河里。他对自己的行为也觉得可笑，但不这样做就感到焦虑，只有做了才感到轻松。他因怕别人知道自己异于常人的行为而尽量减少与人接触，严重地影响了工作和生活，内心非常苦恼。

通过唐强这个案例，可以明显看出他得了强迫症。假设你是心理咨询老师，会如何帮助他呢？

强迫症主要是以强迫观念和强迫动作为主要症状的心理障碍，它会严重影响当事人的日常生活。

（1）强迫观念

强迫观念是强迫症的核心症状，也是最为常见的症状，即某种联想、观念、想法、疑虑等顽固地反复地出现，难以控制。患者意识到这些想法是没有现实意义的、不需要或多余的，极力想摆脱但又无能为力，因此感到十分苦恼和焦虑。

（2）强迫动作

强迫动作又名强迫行为，指反复出现的、刻板的仪式化行为。患者明知不合理，不做又感到不舒服，所以非做不可。常见形式如下：

强迫洗涤。常见的有强迫洗手、洗衣等。明知已经洗过多次但不能控制。

强迫检查。大都继发于强迫性怀疑之后。比如，有位大学生在考试时总是要反复检查试卷上是否写上姓名，甚至在交卷后还要去找到老师核对姓名。

强迫仪式动作。患者必须按照一定的程序去操作，稍有差错，便从头做起。比如，某大学生每次睡觉前一定先绕床一周，然后按一定的次序脱衣、脱鞋并按规定的次序放好方可安睡，有时这种睡前仪式持续时间为半小时或更长时间。

强迫计数。表现为不可控制地数台阶、电线杆、楼层、楼层的窗户、路边树木等。比如，某患者每次上班前总要点数自己住处的汽车数目，如中间有车开走，则回头重新计数。这种计数意在控制某些焦虑情绪。

4. 恐惧症

【案例引导】

王萍的恐惧症

程佳的舍友王萍最近状态不太对劲,总是晚上快关寝室楼门的时候才回来,回来以后也不和程佳说话,总是离程佳远远的。程佳觉得有些莫名其妙。

后来问及原因,才知道,有一天程佳从外面带回来一只流浪猫,王萍看见后非常害怕,吓得不敢回宿舍。原来王萍从小就怕一切带毛的动物,甚至连毛茸茸的小鸡也不敢碰,这些动物离她稍近一点,她便会毛骨悚然、惊恐万分。这是典型的恐怖性神经症。

恐惧症是指个体对某些特殊处境、物体或与人交往时产生异乎寻常的恐惧或不安的内心体验,常伴有心悸、面红、出汗等自主神经功能紊乱症状。临床上,恐惧症的表现形式是多种多样的,有场所恐惧、社交恐惧、空间恐惧、动物恐惧、疾病恐惧等。

恐惧情绪的产生通常受到与生俱来的先天素质的影响以及个体的生理特点和后天的社会生活经验的影响,往往与患者以前在某一特定场景受到惊吓或有过痛苦经历有关。为了防止再次出现过去的痛苦经历,通常采取躲避和退缩的行为心理防御机制。另外,恐惧症的形成也与认知和个性有关,如性格偏向于幼稚、胆小、被动、害羞、依赖性强和内向的人容易患社交恐惧症。

5. 疑病症

疑病症又叫疑病性神经症,是一种以担心或相信患严重躯体疾病的持久性优势观念为主的神经症。患者因为这种症状反复就医,各种医学检查和医生的解释都不能打消其疑虑。患者主要表现为怀疑自己患有某种疾病,并带有一种固执的病态信念,很难改变,常伴有焦虑或抑郁。

【案例引导】

都是体检惹的"祸"

宋健的同学张磊前不久参加体检时正巧感冒发烧,医生在为他检查心脏时,低声自语说:"心尖区有点风吹样杂音……"张磊听后很紧张,问医生是不是心脏病。医生回答他,这是生理性杂音,不要紧的。但张磊却放心不下。他联想到上生理卫生课的老师曾说过心脏病患者的心脏是有杂音的,于是他觉得自己就是患了心脏病。这之后他就到北京、上海、广州等地的知名医院求医,医生明确告诉他心脏没有问题,是他自己瞎猜疑。张磊很生气地说:"我难道还希望自己生病不成?病生在我身上,我自己还不清楚?"张磊这是典型的疑病症。

6. 神经衰弱

【案例引导】

田多多的痛苦

田多多最近满面倦容,自述经常感到身心持续疲惫,做什么事都感觉有心无力。一年前开始出现睡眠较差的情况,翻来覆去总是睡不着,即使睡着了,梦也很多,还容易醒,次日感觉头痛、头昏脑胀、疲劳、全身酸痛、食欲下降,有时睡上一整天,也觉得不解乏,浑身酸软无力。平时经常失眠,好不容易睡着了,却又因一点声音而惊醒。上课时无精打采,哈欠连天,注意力难以集中,虽然在听课,但脑子里却想着别的事。上自习课时,看一会儿书,又去想别的事,根本控制不住。自觉注意力大不如前,容易忘事,学习受到很大影响,甚至有些科目不及格。生活感到困难重重,难以应付,烦恼不堪,精神紧张。田多多还谈到,虽然她性格内向,但近来却极易急躁、冲动,经常为一点小事就发脾气,又说不清楚是什么缘故。事后感到后悔,但又控制不住,因此内心感到非常痛苦,曾服安定类药物,效果不佳。

通过田多多的案例,我们可以看出,她的一系列症状都是由神经衰弱造成的。那么,神经衰弱到底是什么呢?我们一起来看一下。

研究发现,神经衰弱是神经活动持续性过度紧张导致大脑的兴奋与抑制过程失调而引起的心理障碍,长期的心理冲突和精神创伤所引发的负性情绪也是常见原因,生活无秩序、作息不规律和睡眠习惯紊乱也为神经衰弱提供了条件。其主要表现为以下几点。

(1)衰弱症状。常精神疲乏,感觉易疲劳,不能用脑或脑力迟缓,困倦思睡,精力不足,不论是进行脑力劳动,还是体力劳动,稍久就会感到疲劳,难以坚持,即使充分休息,也不能够恢复体力。注意力不集中,记忆力下降,做事丢三落四,思考困难。

(2)兴奋症状。感到精神容易兴奋,主要表现为不由自主的联想与回忆增多,往往控制不住,没完没了,这种现象在睡前尤其明显,使病人感到非常痛苦。有的人感觉过敏,对刺激过度敏感,畏光喜暗,怕吵喜静,讨厌人多。

(3)情绪症状。主要表现为烦恼、易激惹、情绪紧张,这些情绪常与现实生活中鸡毛蒜皮的小事有关,而且烦恼时间长,缺乏有效的摆脱手段。

(4)紧张性疼痛。由紧张情绪引起,以紧张性头痛为多见。表现为持续的头痛、头昏、头胀、头部紧束感,后颈部发硬发僵。

(5)睡眠障碍。最常见的是入睡困难,辗转难眠。其次是多梦易醒,醒后再难入睡,次晨感到困倦。最后睡眠节律紊乱。感觉睡眠很浅,似乎整夜没睡或醒后不解乏;或白天思睡,夜间难眠;或睡眠感丧失,明明已酣然入睡,但醒后坚决否认。

(二)人格障碍

1. 人格障碍的概念

人格障碍是指明显偏离正常且根深蒂固的行为方式,具有适应不良的性质,其人格在内容或整个人格方面异常,由于这个原因,患者遭受痛苦或使他人遭受痛苦,或给个人或社会带来不良影响。人格异常妨碍了他们的情感和意志活动,破坏了其行为的目的性和统一性,给人以与众不同的特异感觉,在待人接物方面表现尤为突出。人格障碍通常开始于童年、青少年或成年早期,并一直持续到成年乃至终生。部分人格障碍患者在成年后有所缓和。

人格障碍可能是精神疾病发生的素质因素之一。在临床上可见某种类型的人格障碍与某种精神疾病关系较为密切,如精神分裂症患者很多在病前就有分裂性人格的表现,偏执性人格容易发展成为偏执性精神障碍。人格障碍也可影响精神疾病对治疗的反应。

2. 大学生常见的人格障碍

(1) 偏执型人格障碍

偏执型人格障碍又叫妄想型人格障碍,以猜疑和偏执为特点,其行为特点是刻板固执、敏感多疑、过分警觉、心胸狭窄、好嫉妒、拒绝接受批评、自我评价很高,在学习中言过其实,自以为是,缺乏幽默感,与人相处经常处于戒备和紧张之中,寻找自己怀疑的证据,善于把失败和责任归于他人,与朋友、家人、同学很难相处,别人对他只好敬而远之。

(2) 分裂型人格障碍

分裂型人格障碍主要表现为退缩、孤僻、冷淡、孤独、超然,不能享受人生的种种乐趣,过分害羞、胆怯、情感淡漠,对赞扬和批评都无所谓,不介入日常事务,生活被动,对人际关系采取不介入态度,甚至对家人缺乏感情,常独来独往,过着孤寂生活,也没有朋友,人际关系很差,部分人可能沉醉于专业研究,并取得较高成就。

(3) 强迫型人格障碍

强迫型人格障碍的特点是过分追求完美和秩序性,自控能力强。他们必须按照规则把事情做到极致,以高标准要求自己,做事过分追求细节、规则、安排、次序和日程,过分拘泥于条条框框,并且事后反复检查,以致活动的主要方面被忽视。给人以刻板、固执、僵化的感觉,缺乏灵活性和变通性。在处事方面谨小慎微,遇事优柔寡断,难以做决定,在别人看来,这种人责任感强、严厉、冷酷、一本正经,严格控制自己的情绪。

(4) 反社会型人格障碍

反社会型人格障碍主要表现为行为的冲动性、攻击性,以行为不符合社会规范为特征,社会适应不良,起源于童年期的行为障碍,比如逃学、反复撒谎、偷窃、破坏他人财物。成年后自我控制不良,情感肤浅冷酷,具有爆发性,行为具有冲动性、攻击性、破坏性,缺乏责任感,缺乏良知和羞耻心,自私自利,对挫折耐受力差,经常发生反社会的言行,而且毫无罪恶感,男性多于女性。下面提到的谢达,其表现就是典型的反社会型人格障碍。由于反社会型人格障碍的病因较复杂,目前对那些由于环境影响形成的、程度较轻的患者实施认知领悟法,有一定疗效。

【案例引导】

"打架能手"谢达

衣着整洁、一表人才的谢达,脾气却不怎么好,进入大学不到一个月就开始打架,在班里没人敢惹。他还伙同几个爱打架的同学打群架,经常旷课。白天经常在课堂上睡觉。每次辅导员发现找他谈话,他总是表现得非常诚恳,说"以后不打架了,请老师放心"。但事后还是常常对别人大打出手。他自己常说:三天不打架,手就痒痒。他不仅在学校里打架,还经常到校外打群架。据调查,谢达在小学就常欺负班里个子小的同学,喜欢跟别人吵架、打架。进入初中后他不仅自己常动手打人,还伙同其他爱打架的同学一起跟别人打架,有时在早晨上学的路上拦劫同学,或要钱要物,或无故打人,同学们都敢怒不敢言。到了高中以后,打架更为频繁,是出了名的"打架能手"。

(5) 依赖型人格障碍

依赖型人格障碍多见于女性,主要表现为缺乏自信和独立性,认为自己能力低下,要求别人替自己做大部分决定,要求他人对其生活的主要方面负责任,顺从和依附他人,情愿把自己置于从属地位,委曲求全,缺少生活乐趣。依赖型人格比较容易辨别。当前,在我国大学生中,独生子女比较多,导致依赖型人格增多。有的大学生不会料理自己的生活,不能决定自己做什么事,经常花时间去询问自己的父母、朋友、同学该怎么办,甚至连续用几个小时询问他(她)在一些鸡毛蒜皮的小事上所做的决定是否正确。

(6) 回避型人格障碍

回避型人格障碍又称逃避型人格障碍,表现为行为退缩,心理自卑、敏感、羞涩,面对挑战多采取回避态度或无能力应对。这类性格的人很容易因他人的批评而受到伤害,很少与人交往,不敢发表自己的见解,夸大潜在的困难和危险。造成回避型人格障碍的原因主要与自我认识不足、缺乏自信心和受到挫折后的影响有关。可帮助患者正确认识自己,消除自卑感,克服人际交往障碍,提高自信心。

(7) 性心理障碍

【案例引导】

姚立新的痛苦

姚立新自幼性格内向,言谈举止像女孩子,外号"大姑娘",喜欢与女孩一起玩耍,喜欢玩洋娃娃。女孩玩的游戏他都会玩,比如跳皮筋、跳房子,他甚至比女孩子玩得还要好。他从8岁开始就认为自己是女孩子,14岁后女性气质更加明显,对男孩子产生特殊的感情。他自认为除了有男性器官以外,自己的心理气质都属于女性,强烈要求做变性手术,父母家人多次干预无果。

姚立新的行为表现,就是典型的性心理障碍。那么,应该如何看待性心理障碍呢?

大学生健康的性心理和性活动对维持个体的心理健康有非常重要的作用,同样,异常的性心理和性活动会对自身或他人的心理健康造成一定的伤害。性心理障碍又称为性变态,是指个体的性行为明显偏离正常的一组心理障碍,表现为以异常的性行为作为满足性需要的主要方式,从而不同程度地干扰了正常的性活动。大学生的性心理障碍主要包括三个方面:一是性别认同障碍;二是性取向障碍;三是性偏好障碍。

三、大学生常见的心理障碍识别

大学生的心理因各种错综复杂的原因而有可能偏离社会发展的方向，出现心理异常。一项面对全国12.6万大学生的调查显示，20.3%的受访大学生或多或少地存在心理问题。基于这种现状，如何有效识别大学生的心理障碍成为高校心理健康亟待解决的问题。

（一）识别标准

从表面上看，理解心理障碍似乎十分简单，可实际上要准确掌握心理障碍的标准却非常困难。心理学家们对此也是众说纷纭，莫衷一是。目前比较流行的看法主要有主观体验标准、社会规范标准、心理测试标准和统计常模标准四种。

1. 主观体验标准

主观体验标准是指根据自己的主观经验或体验来判断自己或他人的心理活动是否发生障碍。这里的主观经验和体验既包括存在心理障碍者的，也包括咨询人员的。咨询人员可以根据自己长期心理咨询和心理治疗的经验来判断来访者是否有心理障碍，也可以根据来访者的主诉体验来判断其是否有心理障碍。在一般情况下，心理障碍会引起个体的不适反应，使其感受到心烦、紧张、不安、苦恼，甚至痛苦的体验。

2. 社会规范标准

社会规范标准是指根据个人的心理和行为是否符合一定的社会行为准则、道德规范、价值观念、民族传统和风俗习惯来判断一个人是否有心理障碍。心理障碍者往往缺乏良好的社会适应能力，人际关系不和谐，与周围的社会文化环境格格不入，因此以通行的社会行为准则为标准来确定心理障碍，应是极具可操作性的。

3. 心理测试标准

心理测试标准是指主张以心理测试的客观数据为标准来确定心理障碍。心理测试运用心理学家通过科学手段编制出来的心理测验量表来诊断心理问题。常用的心理测验量表有自陈测验和投射测验两大类，明尼苏达多项人格量表（MMPI）、卡特尔16因素测验（16PF）、贝克抑郁问卷等都是世界上比较著名的测验量表。

4. 统计常模标准

统计常模的立足点是认为人的心理表现在人群中是呈常态分布的，即通常所说的两头小、中间大。目前绝大多数心理学家都主张以此为标准来判断心理障碍。但问题是不少心理现象的两大极端表现中，常常有一个极端是优秀的表现，比如智力常态分布的一个极端就是智力优秀的表现，绝不是智力障碍的表现。

以上判断标准都有其不足之处，最好结合多种方法联合判断，以免误诊。

（二）识别方法

心理障碍的早期表现症状并不明显，往往不易被亲人或朋友发现，以至耽误患者的治疗，给病人带来不利的后果。"有病早医"是治疗疾病的一条基本原则。早期识别心理障碍,可以从以下几个方面来观察。

(1) 生活规律改变。如以前很讲究个人卫生、注意清洁的人,突然间变得不知更换衣裤,不愿理发洗澡,甚至满面污垢,物品随手乱放,工作拖拉,劳动纪律松懈,经常旷工、迟到;或原来生活节约的人变得挥霍无度。

(2) 脾气改变。脾气改变是许多心理障碍早期症状之一。如原先热情合群的人变得沉默寡言,孤僻不合群,待亲友冷淡,甚至避而不见,与父母或其他亲人不谈家事,很少关心家人的生活和工作;或原来很有礼貌的人变得出言不逊,对人无礼。

(3) 情绪变化。当一个人的情绪突然有较大改变时,就要留意其最近是否有什么重要事情发生,以便及时干预。

(4) 记忆力下降,丢三落四,工作效率降低。这种情况如发生在中、青年身上,应引起高度重视。

(5) 家庭突发事件。大学生生活阅历少,当他们面临一些突发的生活事件时会出现无助、无措、无望的心理反应,尽管在当时并未出现一些明显异常反应,但"危机"却一直隐性地干扰着他们的生活。

以上各种表现是某些心理障碍常见的早期症状,如与患者的过去情况不同,又无原因可解释,或者虽事出有因,但已事过境迁,应想到患心理障碍的可能。但要确定是否患有心理障碍,或属于哪种类型的心理障碍,尚需到专科医院做进一步检查。

【课后思考】

1. 通过本章的学习,你对心理咨询有哪些认识?
2. 大学生常见的人格障碍有哪些?
3. 你是如何看待心理疾病的?

【心灵书吧】

《别让恐惧控制你一生》

作者:展啸风
出版社:中国华侨出版社
出版时间:2012年8月
ISBN:9787511326447
开本:16
包装:平装
内容简介:

人们常说,你能想多远就能走多远。恐惧也是一样,只要你愿意去尝试,敢于去面对,就能冲破恐惧。《别让恐惧控制你一生》这本书就是在告诉你这样一个道理:虽然各种各样的恐惧伴随我们一生,但它却不能控制我们一生,因为只要你愿

意,完全可以化恐惧为力量,并让它服务于你,让你变得更加强大。

【影片有约】

《惊魂记》

剧情简介:

玛莉莲是个亚利桑那州凤凰城的上班女郎,她厌倦了在午休时间偷偷去和山姆幽会,因为他赚的钱几乎都得用来付前妻的赡养费,因而他不能和玛莉莲结婚。有一天,玛丽莲的老板要她带4万元现金到当地的银行存款,由于她极想改变自己的生活,于是一时冲动之下卷款逃离了小镇,她决定和情人山姆到加州重新生活。当她开车逃离小镇后,夜色暗了下来,并且下起倾盆大雨,于是她只好开下高速公路,长途驾车的劳累加上卷款而逃的压力,让她几乎精神崩溃,于是她决定在路旁的贝茨旅馆休息一晚。汽车旅馆的老板是诺曼·贝茨,他性情古怪,对于卧病在床的母亲又爱又怕。玛丽莲吃完诺曼为她准备的晚餐后,回到房间准备洗澡,当她进入浴缸后却被精神分裂者杀害。之后,玛莉莲的姐姐和男友加入警方的调查,在逐步侦查下终于揭露了案件的真相。

第十二章

生命教育与心理危机干预

【引言】

随着社会的不断发展,人们在追求物质生活的同时,却忽略了心灵的需要,忽略了生命本身存在的意义。人类自始至终都在追问自己,追问生命真正的内涵。生命是大自然赋予我们最珍贵的礼物,我们应该善待它。对于大学生来说,由于就业形势的日益严峻,以及各种生活与学习因素的影响,他们很容易出现心理问题,甚至产生自杀行为,因此,就需要认识到生命的重要性,并学会对心理危机进行干预。本章学习目标如下:

(1)了解生命的相关概念,让大学生思考生命,并在此基础上探索生命的意义,最终追寻到属于自己的幸福。

(2)正确认识心理危机,学会如何识别心理危机,并对心理危机进行应对与干预。

【案例引导】

生命的奇迹

有位叫勇气的王子和一位叫幸运的公主,他们的相遇只有几亿分之一的概率。恬静的幸运公主,同 50 万个姐妹沉睡在母亲的卵巢里,有一天她忽然被选中,成为待嫁的新娘等待白马王子的到来,但是她只有 24 小时的生命,如果 24 小时内王子没有到来她就会死亡。此时想要竞争这个机会的勇士有 4 亿个之多,但是一路上的关卡考验层出不穷,只有最迅速、最强大的才能拼搏到最后。第一轮的淘汰后只剩下了千分之一的幸存者,他们顽强地继续前进,竭尽全力,为了在 24 小时内赶到。但是有的体力不支,有的选择放弃,有的献出了生命,有的迷失了方向,每一段的路程中都伤亡惨重,到达幸运公主的住所时,只剩下了 100 人,这些最优秀的勇士的最后一场考验是必须穿墙破壁才能赢得幸运。最终名为勇气的王子获得了胜利,与幸运合为一体,开始了全新的生命。

勇气就是父亲的精子,幸运就是母亲的卵子,他们相结合,在母亲的子宫里经过约 280 天的孕育分娩而出,成为一个独立的生命个体,那就是你。可以说,我们每个人的诞生,都是一个极小概率的事件,我们曾在人生的第一场战役中全面胜出——这就是生命的奇迹。

通过这个小故事,可以看出生命本身就是一场胜利的争夺战。那么,你对生命了解多少呢?你是如何看待生命的?

第一节　大学生生命教育

> 在死亡的门前,我们要思量的不是生命的空虚,而是它的重要性。
>
> ——苏格拉底

一、生命的概述

(一) 生命的起源

古往今来,人们怀着好奇的心情,无数次地寻找生命起源的奥秘,涌现出了各种传说和学说。早在蒙昧时期,神创论得到普遍认同,它认为生命是由上帝或是神创造的。直到1859年英国生物学家达尔文出版《物种起源》,提出了生物进化论学说,认为生物是在遗传、变异,在生存斗争和自然选择中,由简单到复杂、由低等到高等不断发展变化的,人们对生命起源的认识才逐渐变化。随着科学的发展和人类认识能力的提高,人们对生命的起源又有了更深的认识。目前在生命科学界比较公认的推论学说包括宇宙学说、生海地热能学说和同源学说等,认为分别是从海洋、宇宙、深海热泉、原始地球中产生的最初的有机分子经过进一步组织,成为可以通过自然选择而进化的最早的生物。虽然各种推论学说仍需进一步探索和研究,但生命的起源都遵循了从低级到高级、从简单到复杂的发展规律。人类的生命起源经历了由无生命体渐变形成蛋白质,再渐变形成生命的过程,这已经成为人们在生命起源认知问题上达成的共识。

人类群体生命的起源,一般认为在2 300万年前至1 800万年前,生活在热带雨林地区和广袤草原上的森林古猿,为寻找食物来到地面活动,逐渐学会用两脚直立行走,前肢解放出来后能使用工具并制造工具。与此同时,包括大脑在内的身体素质都得到相应的发展,出现了人类的各种特征。他们是人类最早的祖先。人类个体生命的起源,则来自精子和卵子的结合,几千万只精子穿越重重阻碍,但最后只有一个精子与卵子结合形成一个胚胎,这才有了人类个体生命的开始。

(二) 生命的定义

【案例引导】

刘维的生死观

刘维因为入学后经常逃课,甚至考试缺勤,所以大部分科目成绩不及格。为此,学校让他留级复读一年,如仍不合格就要请他退学。他的心理压力很大,甚至想到了自杀。为摆脱心理困扰,他到心理咨询室求助,并阐述了他的生死观。他向咨询员提出的第一个问题是:"人为什么要活着？人总有一死,早死晚死都一样,与其苦苦地面对现实生活中的各种难题,还不如早点死掉。"当咨询员问到他对人生意义的理解时,他说:"有人为了追求名利而生活,而我对名和利都不感兴趣。我认为名是虚的,对个人来说没有什么意思。而利呢？我从小到大没缺过吃穿,生活需要父母都能提供,金钱对我也没有太大的吸引力。"问他父母老了他怎么办？他说,这正是他对人生意义感到渺茫之处。父母活了大半辈子,为生活而辛苦奔忙,自己不愿再像他们那样,辛苦一生。包括现在的学习也很辛苦,面前又遇到了留级、复读,甚至退学的难题,因此想到了以死来逃避。

通过这一案例,可以看出刘维对生命的理解过于偏激,他对人生意义的理解也陷入了自我消极状态。由于生活中出现的一些难题,他便想到了死,也由此看出其缺乏对生命的认识和关注。那么,生命到底是什么呢？

生命是具有与环境进行物质和能量交换、生长繁殖、遗传变异和对刺激做出反应的特性的物质系统。人的生命应当由形体、心理和社会性三个因素构成。人的生命可以分为以下几种形态。

(1) 生物性生命。人首先是作为自然生理性的肉体生命而存在的,这一点是和自然界的广大生物一样必须具有的基本属性。

(2) 精神性生命。人之所以为人就在于人有高于动物的意识活动,有超越生物性生命的精神世界。人不但要思考如何活下去,还要思考如何活得更好。只要人在世界上存在一天,大脑就不会停止思考,人类要创造、要超越,就要更好地认识世界、改造世界。

(3) 价值性生命。每一个人在一生中都要思考诸如"为何活着"的问题,这就是人对于生命意义发自内心的追问,是人对价值生命的一种诉求。人的价值性生命为人的生存夯实了基础,加足了动力,可以使我们更好地存在这个世界。

(三) 生命的特征

1. 生命的有限性

世界卫生组织发布的《世界卫生统计》报告显示,日本女性的平均寿命为86.83岁,男性为80.50岁,刷新了全球人类平均寿命的纪录。即使现实生活中有很多百岁老人,研究也认为人的自然寿命可以活过百岁,但由于生命的脆弱性和人生际遇的不可控性,绝大多数人是达不到自然寿命的。人终究会面临死亡,人的寿命是有限的,也就是说,我们的物质生命是有限的,生命的有限性决定了生命的可贵。

【课堂活动】

生命线

[活动目的]

让大学生认识到生命的有限性,并在这有限的生命中,找到自己的价值。

[活动步骤]

1. 每个人的生命只有一次,请对过去的我、现在的我、未来的我做一次评估和展望。教师先说明活动内容,然后让学生自行填写。

2. 以小组为单位进行交流,每个人都拿出自己的生命线给其他人看,边展示边说明,注意自己与他人内心的反应。

3. 请根据你自己的健康状况、你家族的健康状况以及你所在区域的平均寿命,提出你预测的死亡年龄。然后在这条线上找到你现在的位置。

4. 请静静思考一下你过去的生活中最难忘的三件事。

[活动感受]

通过此次活动,思考你在今后的日子里最想达到的2~3个目标。

_____

_____

_____

2. 生命的不可逆性

每个人的生命一般会经历出生、成长、老化、死亡的过程,这样一个过程对于任何人来说都只能经历一次。生命绝不会在时间的跑道上停留,也绝不会推倒重来。人们所说的"人死不能复生"便道出了这个真谛。正因为物质生命的不可逆性,我们才需要珍惜当下,过好生命中的每一天。

3. 生命的独特性

遗传学的研究表明,每一个个体生命的遗传特征都是独一无二的,人与人之间具有差异性。这种差异性还表现在体态、感官等生理因素上。遗传的差异性决定了人先天具有的独特性,以及在后天发展中的结构优势,不同的人会表现出不同的爱好和特长。所以,生命的独特性不仅取决于由个体遗传素质所决定的生理因素,而且取决于人后天形成的个性思维等因素。即便是孪生兄弟姐妹,也会因后天生活、环境、教育和实践活动的不同而形成不同的个性。

4. 生命的超越性

人一方面是有限的自然存在物,生生死死,不能自已;但另一方面,人又是一种有理性的存在,有超越自身有限性的理想。人总是在对未来的追求中否定现实,渴望超越——超越人的自身存在,超越现实的存在。人正是在这种不停地自我否定和超越中生成新的自我,实现了生命价值的提升,最终实现精神生命的延续。

二、生命的思考

人之所以能很好地生活下去,不仅仅有自然生命作为基础,更重要的是支撑人活下去的精神支柱和自我价值。人对生命的思考,其实质就是人对生命的方向、空间维度、存在内涵及蕴含能量的思考。在这一过程中,人们又运用自己的智慧在创造生活,这实际上体现了生命的智慧。生命思考的具体内容如下。

(一)生命的方向

人类的寿命一般也只有几十年,最多上百年。生有涯,死有期,谁也无法摆脱死亡。长生不老只是神话传说,它反映了人的一种美好愿望和期盼,这种期盼恰恰是人类意识到生命之短暂的反映。

生命属于时间,在时间的长河中,人有着从"生"到"死"的时间界限,每一个人的生命历程,尽管不断实现着生命的丰富与拓展,彰显着生命的价值与意义,然而却始终无法回避死亡和必然走向死亡的单向发展。尽管生命可以在下一代身上体现另一种意义上的延续,却无法让自身彻底摆脱衰老死亡的必然。正是有了死亡,才显示了生命存在的珍贵,正是因为人们意识到死亡的必然和生命的短暂,才越发珍惜当下和珍爱生命。

【心灵鸡汤】

著名心理学家弗兰克尔是20世纪的一个奇迹。纳粹时期,作为犹太人,他的全家被关进了奥斯维辛集中营,他的父母、妻子、哥哥,全都死于毒气室中,只有他和妹妹幸存。弗兰克尔不但挺过了这炼狱般的痛苦,更将自己的经验与学术结合,开创了意义疗法,替人们找到绝处再生的意义,也留下了人性史上最富光彩的见证。弗兰克尔一生对生命充满了极大的热情,67岁开始学习驾驶飞机,并在几个月后领到驾照。80岁时他还登上了阿尔卑斯山。他写作的《活出生命的意义》一书感动了千千万万的人,被美国国会图书馆评为最具影响力的十大著作之一。

通过弗兰克尔的故事,我们可以感悟出,生命的长度是有限的,但正因为这种短暂,才显示出活着的意义,显示出生命的可贵之处,我们才更加懂得珍爱生命。

(二)生命的广博

生命的广博是基于生命存在的空间维度而言的,生命世界因其存在的广博、壮美而获得欣赏、赞美与尊重。生命世界是一个不断创造、自我深化的复杂系统,既包括人文山水、鸟兽虫鱼的地球世界,又包括星空灿烂、广袤无垠的宇宙空间。生机盎然、生生不息的亿万种生命犹如一张广博而美丽的网构成人类生存的生命世界。每一种生命都占据着其特定的生存空间,有其特定的生存方式,演绎着生命存在的特定价值与存在意义。

(三)生命的承载

生命的承载,是基于人类生命存在内涵而言的。生命承载着许多责任,如与生俱来或是后天萌发的责任、国家利益的责任、对社会发展的责任、对父母家人的责任、维护个体生命尊严的责任。而保存自我生命的存在既是生命最基本的责任之一,又是实现众多生命责任的必要前提。人的生命一旦产生,它就不仅属于自己,也属于社会,属于父母亲人。一个随意放弃和侵犯生命的人,是一个对生命不负责任的人。

(四) 生命的力量

生命的力量,是基于生命所蕴含的能量而言的,生命因拥有巨大的生命力和无限的潜能而赢得人们的尊重和敬仰。与非生命相比,任何生命体的存在,都有着生命的本性,即在任何环境中谋求生存成长的力量与能力:要生根、发芽、结果,要长大、长高、完善。生命蕴藏着巨大的生命力,并以其勃勃生机彰显着生命力的强大与顽强。

生命是宝贵的,生命对每个人都只有一次,生命以其唯一、广博、厚重以及巨大的潜能而赢得人们的广泛尊重。而我们在思考生命时,首先要学会的就是敬仰生命、尊重生命。

三、探索生命的意义

【心灵鸡汤】

尼克·胡哲生于澳大利亚,天生没有四肢,这种罕见的现象在医学上叫作"海豹肢症"。但不可思议的是,刷牙、洗头、打电脑、骑马、打鼓、游泳、足球等其他人必须用手足才能完成的事情,尼克样样皆能。他拥有两个大学学位,是企业总监,更于 2005 年获得"澳大利亚杰出青年"这项荣誉。他为人乐观幽默、坚毅不屈,乐于顾虑身边的每个人,并且勇于面对并改变生活。通过自己人生的点点滴滴、令人难以置信的幽默和与人们沟通的惊人能力,尼克深受青年人的喜爱,成为一名备受鼓舞的演说家。年仅 30 岁,他便已踏遍世界各地,接触逾百万人,激励和启发他们的人生。

想一想:通过尼克·胡哲的人生经历,你对生命的意义产生了哪些全新的认识?请举例说明。

(一) 生命的意义在于爱

每个生命的诞生,都是爱的结晶。从给予你生命的那一刻起,父母就给了你无限的爱与希望。你的生命不仅仅是自己的,还是父母身体的一部分,是家庭的一部分。因此,我们不能随意地践踏和放弃生命。从大学生角度来看,对于整个世界来说,你是其中的一分子;对于学校来说,你是全校师生中的万分之一;对于班级来说,你是同学们的三十分之一;对于寝室来说,你是兄弟姐妹里的六分之一;而对于家庭和父母来说,你就是他们的全部;更重要的,对于你自己来说,你有百分之百的权利和义务体现生命的价值!快乐生活,感悟你所接受的爱,享受生命带给你的一切。不论生命给你带来的是贫穷还是困难,都请接受它,这是大自然给你的恩赐。

(二) 生命的意义在于奋斗

奋斗,能创造生命的奇迹。举世闻名的德国音乐家贝多芬,一生备受疾病、贫困的折磨和情感的困扰,却从未停止过与命运的抗争,谱写出一曲又一曲令人称颂的生命乐章;

美国残疾教育家海伦·凯勒,在黑暗与孤寂的世界里写出 14 部著作,并建起了数座慈善机构;我国残疾人作家张海迪,曾经说过"我最大的快乐是死亡",但是她却活了下来,不仅如此,她创作和翻译的作品超过 100 万字,她用自己的言行激励着广大青年和残疾人。这一段段充满传奇的奋斗经历,无不诠释着生命的终极意义——奋斗。

(三)生命的意义在于奉献

裴多菲说过,生命的多少用时间计算,生命的价值用贡献计算。在自然灾害面前,无数武警战士为了抢救同胞的生命而日夜不休;无数年轻的父母为了保护孩子,将自己的身体作为最坚固的防护墙;更有大爱无私的教师,像雄鹰一样,将逃生的机会让给孩子们,展翅保卫他们幼小的生命……在灾害面前,我们见证了人性的光辉与伟大,互助友爱的精神更令我们感慨生命的伟大。正是因为有了爱与奉献,我们的世界才充满了温暖,每一个生命才得以浸润和激励。

(四)生命的意义在于创造价值

对于每个人来说,生命的意义不仅仅是为了活着,而是为了更好地活着。我们要充实生活的每一瞬间,创造生命的价值。医生靠治病救人实现自己的价值,而各领域的名人、专家用才智和胆识为世界创造了无限价值。歌德说:"你若要喜爱自己的价值,就得给世界创造价值。"虽然我们每一个人都是平凡的,但正因为这种普通,生命的价值才显得更加伟大。比如在我国大学生志愿服务西部计划、高校毕业生"三支一扶"计划实施后,每年都有上万名大学生主动请缨,在遥远的边疆,在艰苦的山区,在日复一日的平静生活中,奉献着自己的青春和才智,实现着自己的理想和价值,为我们做出了表率。

四、如何追求幸福

(一)幸福的定义

【心理辞海】

主观幸福感

主观幸福感主要是指个体依据自己设定的标准对其生活质量所做的整体评价,包括生活满意感和情感体验两个基本成分。前者是个体对生活总体质量的认知评价;后者是指个体生活中的情感体验,包括积极情感和消极情感两方面。

什么是幸福,每个人心里的幸福都不一样:没书读的人认为有书读最幸福,生病的人认为健康的人最幸福,没钱的人认为有钱才幸福,有钱的人认为生活过得充实才幸福……

幸福是在一定温饱和安全条件的基础上,在社会生态环境下,拥有能产生幸福感的要素、机制、动力的生活和生活状态。幸福不是大喜大悲,不是你拥有的物质的多少,而是一种心理状态。它就像藏在云层后的点点星光，需要我们用心灵去触摸、去探索、去感受那稍纵即逝的温暖，去看到心灵深处的宁静。

(二) 追求幸福的方法

幸福常常让人觉得若有似无，若隐若现，你不注意它，它似乎就不存在，你不抓住它，它就不会出现。其实，幸福也许一直就在你的身边，只是你没有察觉。那么，该如何去追求幸福呢？具体从以下三个方面来追求。

1. 选择幸福的习惯

不同的人对幸福有不同的体验，幸福是一种心理感受，是一种内心平和与满足的感觉，是一种稳定而持久的心理反应。追求幸福最好的办法就是在日常生活中修炼得内心和谐、内心安详，这样就很容易养成一种情不自禁选择幸福的习惯。

2. 积累小快乐，成就大幸福

一个人的幸福感其实来自多次的感觉良好，如果用心，就很容易发现生活中普遍存在的一些简单的"小快乐"。如：和朋友去看了一场电影，享受一次自己做的美味佳肴，痛快地踢一场球赛，淘一件漂亮的衣服等等。不要忽略它们，这些并不起眼的"小快乐"积累起来构成的幸福感往往胜过一时的"大快乐"。

3. 幸福靠自己创造

第一，照顾好自己的精神状态，乐观地期待幸福的降临；第二，每天花一些时间读令人鼓舞的书籍；第三，善待自己，如给自己买一本书、吃喜欢的食物、做一件喜欢的事情；第四，每天至少做一件让别人高兴的事情，可以是一句温暖他人的话语，或是在排队时礼让他人，也可以是在公交车上让座；第五，常怀感恩之心，时常回忆那些令人感动的经历，让你的心时常浸润在感动中；第六，与人交往，感受平凡中的幸福，向他们学习使自己幸福的方法。

第二节　大学生心理危机的识别与干预

【案例引导】

方芳的一篇日记

方芳最近身体出现了一些问题，正在医院接受治疗。方芳在大学里唯一要好的朋友就是程佳，程佳给方芳在收拾换洗衣物的时候，从床铺上发现了一个笔记本。程佳出于好奇心，看了一眼其中的一篇日记，内容是这样的：

我满怀着憧憬走进大学，梦想着聆听名家大师的演讲，梦想着在青青草地上晒太阳，梦想着漫步在幽静的小湖边，梦想着和许多朋友探讨人生、交流情感……可是进入大学以后，面对的就是枯燥的军训和严厉的辅导员，脑海中种种浪漫的想法渐渐淡去。我的大学生活就这样开始了,每天宿舍、食堂、教室三点一线,可是学习气氛跟高中差远了。我觉得自己是一个不错的学生,以前成绩一直在中上,不知为什么,现在总感觉应该学习却没有动力。就连友情也变得虚假了,宿舍同学在一起聊天,也仅限于无关紧要的闲言碎语,缺少共同的兴趣与话题,大家彼此客套,而心早就被锁上了。学习困惑、交友烦恼、选择冲突……一系列问题全部摆在面前,让我有些束手无策。以前只知道考大学,可上了大学后,目标却没了,"郁闷"成了我的口头禅。现在很多事情让我高兴不起来。我就这样浑浑噩噩地过了一个学期,我觉得好难受,觉得这样的人生很没意义,可又不知道该如何去做。

通过这个案例,我们可以看出,生活及学习上的不适应,使得方芳陷入了痛苦,出现了心理危机。假设你是程佳,你会如何帮助方芳?你对心理危机了解多少?

一、认识心理危机

(一) 心理危机的定义

1. 危机的定义

危机是一种认识,当事人认为某一事件或境遇是个人的资源和应付机制所无法解决的困难,导致情感、认知和行为方面的功能失调的状态。危机是十分复杂和难以解释的,它不遵循一般的因果关系规律,我们也不容易前瞻性地识别潜在的危机。因为引发危机的事件或境遇可能是突发的,也可能是日积月累的;可能是个体外部的,也可能是个体内部的。

危机的程度和发生事件的强度之间不一定成正比,更加重要的是它取决于当事人对于事件的认识、应对的能力、以往的经历和个性等。

2. 心理危机的定义

心理危机是指个体在面临突发事件或重大生活事件时,认为凭借自身能力和资源无法解决问题时所产生的一种心理严重失衡状态。造成心理危机的事件通常是当事人不能实现或没有预想到的,具有极大的意外性,因而极易造成强烈的心理冲击,甚至产生极端的应激反应。心理危机带有很强的主观性,其本质是当事主体对所发生事件的一种主观感受状态。也就是说,面对同一突发事件或重大生活事件,不同的主体由于认知水平、情感特点、心理承受能力等方面的不同,可能产生不同的心理应激反应,有的出现危机,有的只是产生一般性的情绪波动。

【知识延伸】

心理危机的判断标准

对于个体是否达到心理危机的程度,一般有三个判断标准。

(1) 个体存在着具有重大心理影响的生活事件,如突然遭受严重灾难、重大生活变故或精神压力。

(2) 出现严重不适感,引起一系列的生理和心理应激反应。

(3) 当事人惯常的处事手段不能应对或应对无效。例如:"9·11"事件后,毗邻纽约世贸中心的美林证券公司员工反映,他们经常情绪紧张,失眠情况严重;而纽约市消防局100多人因精神紧张而请假,许多人靠服用安眠药和镇静剂才能维持正常生活。

(二)心理危机的特征

现实生活中的心理危机涉及面很广泛,既有不同群体的各种不同心理危机,也有同一群体不同时期的同一心理危机。不同的心理学家对心理危机具有什么特征持不同的观点,归纳起来,主要有以下特征。

1. 普遍性

心理危机的产生、发展及激化经历着复杂而微妙的心理过程。几乎每个成长中的个体都不同程度地经历过心理危机,但心理危机并非必然导致极端行为。事实上,心理危机并不像我们想象的那样神秘,它就在大学生的身边,甚至正存在于某些大学生的心里。但是只要我们把握机会、设定目标、形成计划、妥善处理,是可以渡过危机的。

2. 机遇性

心理危机意味着风险,又蕴藏着机遇。一方面,心理危机是危险的,因为它可能导致个体严重的病态,包括对他人和自我的攻击;另一方面,心理危机也是一种机会,因为它带来的痛苦会驱动当事人寻求帮助,解决问题,从而使自己得到成长。在危机状态下,如果大学生成功地把握了危机或及时得到适当、有效地心理危机干预和帮助,个体可能就学会了新的应对技能,不但重新得到了心理平衡,还获得了心理上的进一步成熟和发展。

3. 动力性

伴随着心理危机,焦虑和冲突总是存在的,这种情绪导致的紧张为变化提供了动力。也有人把心理危机看作成长的机会或催化剂,它可以打破个体原有的定式或习惯,唤起新的反应,寻求新的解决问题的方法,增强挫折的耐受性,提高适应环境的能力。

4. 困难性

当个体处于心理危机中时,其可供利用的心理能量降到最低点,有些深陷心理危机的个体拒绝成长,危机干预者需要帮助处于心理危机中的个体重建新的平衡。这就需要运用专业的心理学支持,常用的方法有支持治疗、认知领悟疗法、家庭治疗、合理情绪疗法等。但无论哪种方法,都有其独特的适用范围,没有治疗心理危机的通用方法。另外,还有些心理危机愈后容易反复,治疗起来有一定困难。

(三)心理危机的分类

按照心理危机的诱发原因及持续时间,可以将心理危机分为发展性危机、境遇性危机和存在性危机三种。

1. 发展性危机

发展性危机,又称为内源性危机、内部危机、常规性危机,是指正常成长和发展过程中的急剧变化或转变所导致的异常反应。如儿童与父母的分离焦虑,身心发育急剧变化的青少年的情感困惑,青年期的职业选择、经济拮据、对婚姻生活缺乏足够心理准备,等等。

如果没有及时为承担新角色培养新的能力和应对方式,每个人都有可能产生发展性危机。但只要及时进行咨询和疏导,就会将危险转化为机会,就会使个体进入新的发展阶段。

【心灵鸡汤】

自杀——富士康不能承受之重

富士康科技集团是专业从事电脑、通信、消费电子、数位内容、汽车零组件、通路等6C产业的高新科技企业。有一段时间,富士康连续发生14起员工跳楼事件,引起社会各界乃至全球的强烈关注。自杀员工中最小的年仅21岁,这些与大学生同龄的生命,就这样悄然逝去,我们不禁质疑:是什么导致了这本不该承受的生命之重?

很多人认为责任出在富士康这家企业,但是抛去情感因素,我们不得不去思考自杀者本身的因素。如白岩松曾经点评:"到异乡打工的新生代,抗压能力、吃苦能力不如上一代。这一代人更自尊,梦想也更大,在罐头一样的厂区内被挤压,一旦梦想被挤压没了,就容易绝望。"其实,每一位自杀者都有其自身的原因,如有的因为情感受挫,有的因为家庭压力,有的因为受过心理创伤。从某种意义上说,这些都是人在成长过程中必须要面对的课题。人有能力也有机会去渡过心理危机——只要给自己一个机会。

这则故事告诉我们需要珍惜生命,在出现心理危机时应学会及时解决它,也需要大学生学会思考生命的重要性。

2. 境遇性危机

【案例引导】

我好害怕一个人

在某一个午后,田甜在同学桃桃的陪同下来到咨询中心,她低着头,似乎刚刚哭过,眼睛红肿。田甜和心理老师断断续续地讲了自己的心事。她说她很害怕,晚上不敢一个人走路,白天也不敢自己在宿舍待着,无论去干什么,必须有人陪着才能踏实一些。心理老师经过询问,得知她高中的一个好朋友刚刚因病去世。田甜说:"在她去世之前,我去看过她。看到她那张苍白的脸、瘦弱的身子,我就感到特别的悲凉,她还那么年轻,才刚考上大学啊,命运为什么如此悲惨!"说完后,田甜又陷入极大的痛苦,哭了起来。"我现在经常想到她,一想到她,我就感到特别害怕,我害怕哪一天自己也会消失在这个世界……"

通过田甜的经历,我们可以看出,她这种心理恐惧源于自己好友的去世,这让她一直处在这种情境中无法走出来。那么,假设你是心理老师,会如何帮助她呢?

境遇性危机,也称外源性危机、环境性危机或适应性危机,是指由外部事件如地震、火灾、洪水、海啸、龙卷风、疾病流行、空难、战争、恐怖事件等引起的心理危机,是当出现罕见或超常事件,且个体无法预测和控制时出现的危机。境遇性危机具有随机性、突然性、意外性、震撼性、强烈性和灾难性,往往对个体或群体的心理造成巨大影响。

3. 存在性危机

存在性危机是指伴随重要的人生问题,如关于人生目的、责任、独立性、自由和承诺等出现的内部冲突和焦虑。存在性危机可以是基于现实的,也可以是一种压倒性的持续的空虚感、生活无意义感。例如,一个40岁的人从未做过有意义的事,没有任何成就,没有产生过任何影响;一个50岁的人,一直独身并与父母在一起,从未有过独立的生活,而到现在却永远失去了机会。

二、如何识别心理危机

对于心理危机的识别,可以从以下四个方面来分析。

(1) 生理方面。比如肠胃不适、腹泻、头痛、失眠、肌肉紧张、食欲下降、做噩梦、容易流泪、容易受到惊吓、窒息等;时常感觉疲劳、疲惫。

(2) 情绪方面。如情绪表现为不稳定、抑郁、害怕、焦虑、恐惧、怀疑、易怒、过分敏感或警觉等。

(3) 认知方面。如健忘、注意力不集中、缺乏自信心、无法做决定、精神萎靡等。

【案例引导】

章峰的悲剧

章峰因女友与其分手,在教学大楼坠楼身亡。事后,有同学说章峰在女友跟他分手后的这段时间情绪比较低落,一直窝在寝室,也不去上课,曾在QQ中写下"活着比死还难,有时候可能还不如死了好,我的心好痛好痛"之类的话,并且他最近还问同学"吃安眠药能死人吗"之类的话,同学们感到莫名其妙,并没当回事。因为章峰平时性格挺开朗的,人际关系也不错,所以同学们根本就没想到他会选择轻生。另外,章峰的父母一直在外打工,平时较少与孩子沟通,对于孩子死之前发生的事一无所知。

通过这个案例,我们可以看出,章峰在自杀前的行为及言语都已有征兆,可是身边的同学却未放在心上,家长也缺少对章峰的关心,以及章峰本身承受挫折的能力较差,这些是导致其自杀的重要原因。

(4) 行为方面。如出现社交退缩、不信任他人、不敢出门、容易自责、明显不愿意和别人交往、显得孤僻,无缘无故地生气、跟人作对、行为紊乱或者古怪等;自伤、自我虐待;直接表露自己处于痛苦抑郁、无望或者无价值感中;在日记中或者其他一些作品中会透露出一些信息,如感觉生活无望、活着太痛苦、不如死了算了,甚至在口头上也会有类似的表达。

三、心理危机的应对与干预

（一）心理危机的应对

天有不测风云,人有旦夕祸福。生活中,几乎所有人或早或迟或轻或重都会遭遇困难、挫折与打击。这些困难处境往往会给人的心理带来严重冲击,使人产生不同程度的心理失衡。从这个意义上讲,心理危机在一定程度上具有普遍性。很多心理危机在初始阶段,如果不是主动求助,他人是不易觉察并无法实施有效干预的。因此,大学生心理危机的自我应对就显得尤为重要。如果大学生都能够掌握一些自我应对危机的方法,就可以有效避免悲剧发生。

人们在遇到危机时,首先要努力使自己的情绪镇定下来,然后按照以下步骤思考,通常可以应对危机。

（1）到底遇到了什么事？仔细回想事情的起始,把每个细节都想到,然后坦然面对现实,尽量放松,也不要抱怨和愤恨。

（2）我现在的感受是什么？有助于摆脱困境吗？人非圣贤,遇到困境发生心理危机,感到软弱、慌乱和悲哀,是正常的应激反应,要明确自己当前的紧迫任务是控制心理失衡。一旦稳定情绪,开始理性思考,消极的情绪就会减轻。

（3）现在具体哪些情况对自己不利？只有明确存在的问题,才能找到解决困境的突破口。要全面分析遇到的问题,找出主要矛盾和矛盾的主要方面,然后思考解决矛盾的办法。一旦找准了问题,就有了解决问题的目标,行动才能有效。

（4）眼前的事情会有几种结果？分析问题是解决问题的前提,要分析问题就必须用全面、发展的眼光,对一件事的利弊得失要尽可能都想到,眼睛不能只盯着一点。思路不开阔,往往会使人陷入绝境。

（5）我能从哪里得到哪些帮助？"一个篱笆三个桩,一个好汉三个帮。"遇到困难要积极求助,调动一切可以调动的资源。确定后马上行动,越早与外界沟通并得到支持,越有利于缓解危机。

（6）怎样才能争取一个对自己真正有利的结果？真正对自己有利的结果应该既能使自己战胜眼前困难,又能使自己在危机过后的日子里快乐地工作和生活。在自己最失望并准备放弃努力之前,最好再做一次努力,这往往便是成功的转折点;在自己准备一搏的时候,最好在实施行动前睡上一觉、等待一天,那可能就是你清醒的机会。世界上任何事物都是一分为二的,心理危机潜藏着危险,也暗示着机遇。战胜危机,生命就实现了一次飞跃,它能使人增添智慧、积累经验。

【知识延伸】

心理危机自我应对的原则

（1）主动寻求帮助,不要等待。

(2) 相信有人愿意帮助你,但是你得将自己真实的困难与痛苦告诉你信任的人,否则他们对此一无所知。

(3) 可以向学校的心理咨询中心寻求帮助。

(4) 可以向心理热线或校外的心理咨询人员寻求帮助。

(5) 解决心理危机通常需要一个过程,可能你得反复多次去见咨询人员或心理医生。

(6) 如果医生开药,就按医嘱坚持服用。

(7) 避免用酒精甚至毒品麻痹你的痛苦。

(8) 不要冲动行事,强烈的痛苦会使你更难做出正确合理的决定。

(二) 心理危机的干预

1. 心理危机干预的模式

贝尔金等提出三种基本的危机干预模式,即平衡模式、认知模式和心理社会转变模式,后来又出现了折中模式。心理危机干预模式为不同的危机干预策略和方法奠定了基础,为危机干预的实践提供了理论依据。

(1) 平衡模式

平衡模式认为,危机中的个体处于心理失衡状态,原有的应付机制和解决问题的方法不能满足他们的需要,干预的目的在于帮助他们获得危机前的平衡状态。平衡模式最适合于早期干预,此时求助者失去了对自己的控制,分不清解决问题的方向且不能做出适当的选择,除非个人再获得一些应对的能力。危机干预的重点应放在稳定求助者心理和情绪方面,以帮助他们恢复心理平衡状态。

(2) 认知模式

认知模式认为,危机植根于对事件和围绕事件的境遇的错误思维,而不是事件本身或与事件和境遇有关的事实。在危机事件中,持续的、折磨人的处境使人衰竭,推动其对境遇的内部感知向越来越消极的自言自语发展,他们的行为会跟随消极的否定性的自言自语,自以为对境遇是无能为力的。这种消极思维使危机持续存在下去。该模式的基本原则是通过改变思维方式,尤其是通过认识其认知中的非理性和自我否定部分,练习和实践新的自我说服,使个体的思想改变更为积极、更为肯定。

(3) 心理社会转变模式

心理社会转变模式认为人是在不断变化的社会环境中成长和发展的,危机不是一种单纯的内部状态,而是受到内外因素的影响。危机的产生与内部的心理和外部的困难有关,危机干预的目的在于与求助者合作,以测定与危机有关的内部和外部困难,帮助他们选择替代他们现有行为、态度和使用环境资源的方法,如同伴、家庭、职业和社区等。结合适当的内部应付方式、社会支持和使用环境资源的方法,以帮助他们获得对自己生活的自主控制。心理社会转变模式最适用于已经稳定下来的求助者。

(4) 折中模式

折中模式以任务指向为基点,认为危机干预应从所有危机干预方法中有意识地、系统地选择和整合各种有效的概念和策略来帮助求助者。它的主要任务包括:

①确定各种系统中的有效成分,并将其整合为内部一致的整体,使之适合于需要阐述

的行为资料。

②根据对时间和地点的最大限度的了解,考虑所有相关的理论、方法和标准,以评价和处理临床资料。

③不确定任何特别的理论,保持开放的心态,对得到成功结果的方法和策略进行不断的实验。对每一种类型的危机,平衡模式、认知模式、心理社会转变模式等都将被纳入危机干预策略。

2. 心理危机干预的方法

【知识延伸】

心理危机干预的注意事项

(1) 治疗焦点始终要放在促使求助者前来求助的那些当前问题。

(2) 求助者由于痛苦和困惑前来求助,强烈希望改变自身的状态,治疗者要充分利用这种愿望。

(3) 治疗者在心理危机干预过程中可能会唤起他们自己生活中遭受挫折的感受、思想、记忆和情感,引起强烈的情感共鸣。但这种情感的超负荷可能导致过多的危害和悲伤反应。因此,治疗者对求助者的情感投入应适当,避免把危机者的丧失当成自己的丧失。

(4) 重视求助者的积极参与,治疗者始终要向求助者传递这样的信息:我们能够解决这个问题,但并非轻而易举,我将尽力做好我能做的一切,你怎么样?

(5) 充分调动和有效利用求助者所拥有的社会支持系统。

(6) 危机干预结束,治疗者要给求助者传达一个信念:相信他在今后不会发生与过去类似的困难,即使遇到困难,也会有人帮他一起度过。

(1) 危机干预六步法

心理危机干预可以遵循吉利兰和詹姆斯提出的基本的六大步骤。

①明确问题。从当事人的角度来确定和理解其所认识的心理危机问题,这一步特别需要干预者使用倾听技术。

②确保安全。干预者要将当事人对自我和他人的生理和心理的伤害和危险降到最小的可能性。

③提供支持。强调与当事人的沟通与交流,并积极、无条件地接纳当事人,使其认识到干预者是完全可以信任的,也是能够给予其关心和帮助的人。

④提出并验证变通的应对方法。干预者要让当事人认识到有许多变通的应对方式可供选择,只要充分利用内外部资源,采取各种积极应对方式,使用建设性的思维方式,并帮助其确定能处理其问题的更合适的选择。

⑤制订计划。在制订计划的过程中,干预者要充分考虑当事人的自控能力和自主性,并与当事人共同制订行动计划来矫正其情绪的失衡状态。

⑥获得承诺。回顾和改善有关计划和行动方案,并获得当事人的直接而真诚的承诺,

以便当事人会坚持按照预定计划和方案行事。

(2) 关键事件应激报告法(CISD)

米切尔提出关键事件应激报告法,最初是为了维护应激事件干预者的身心健康,现已开始用来干预遭受各种创伤的个人,成为危机干预的一个基本方法。其方针是防止或降低创伤性事件症状的激烈度和持久度,并迅速使个体恢复常态,可分为正式援助和非正式援助两种。具体步骤如下。

①介绍期。相互自我介绍,干预者说明 CISD 规则,强调保密性,并获得当事人的信任。

②事实期。要求当事人从自己的角度出发,提供危机发生的一些具体事实。

③感受期。鼓励当事人表露出自己有关事件最初的和最痛苦的想法和感受,从事实转到思想,将事件人格化,让情绪表露出来。

④反应期。这是当事人情绪反应最强烈的阶段。当当事人谈到自己对事情的情感反应时,干预者要表现出更多的关心和理解,并鼓励他们就危机事件中最为痛苦的经历表达各自的情感。

⑤症状期。要求当事人回忆自己在危机事件中的痛苦症状,可从心理、生理、认知、情感和行为等方面来描述,并对事件产生更为深刻的认识。

⑥教育期。要求当事人认识到在严重压力之下,其相应的生理、心理和行为的应激反应是正常的,也是可被理解的,讨论积极的适应和应对方式,提醒可能的并存问题,并为他们提供一些促进身心健康的知识和技能。

⑦总结与完善。

总之,CISD 提供了一个安全的环境让当事人用言语来描述痛苦,并有小组和同事的支持,而且在需要时能得到进一步的支持,这对于减轻各类事故引起的心灵创伤、保持内部环境稳定、促进个体身心恢复和健康有重要意义。

(3) 危机灾难后心理卫生工作策略

危机灾难后心理卫生工作策略是一种团体危机干预方法,可分为三个阶段。

①前期。先制定应对危机的组织预案,并通过演习明确各成员的具体任务与权责,进而减轻他们预期的焦虑感,建立团队信任和自信心。

②中期。尽可能使每位救助人员都有同伴,通过共同承担工作量、解决问题和相互交流,以减轻心理压力;工作时间不超过 12 小时,包含休息和活动时间,避免过多摄入咖啡和酒精;保证在间歇时间与家人交流一两次,配置专业心理咨询师共同执行任务,帮助救护人员适时减轻心理压力,一天值勤任务结束后,安排每个人接受一次消融疗法。

③后期。给每位参与者放松一两周,尽快使他们在精神上从这次紧张的任务中脱离出来,如个别人仍觉得乏力、消沉,负责人应安排其做适当的调整,预防创伤后发生应激障碍症状。

【课后思考】

1. 通过本章的学习,你对生命有了哪些全新的认识?

2. 应该如何识别心理危机？

【心灵书吧】

《活出生命的意义》

作者：维克多·弗兰克尔
译者：吕娜
出版社：华夏出版社
出版时间：2018年1月
ISBN：9787508093499
开本：32
包装：平装
内容简介：

著名心理学家弗兰克尔是20世纪的一个奇迹。纳粹时期，作为犹太人，他的全家都被关进了奥斯维辛集中营，他的父母、妻子、哥哥，全都死于毒气室中，只有他和妹妹幸存。弗兰克尔不但挺过了这炼狱般的痛苦，更将自己的经验与学术结合，写下这本《活出生命的意义》。此书通过意义疗法，替人们找到绝处再生的意义，也留下了人性史上最富光彩的见证。

【影片有约】

《唐山大地震》

剧情简介：

1969年，卡车司机方大强在祈祷中迎来了自己的龙凤胎儿女：方登和方达。妻子李元妮差点因为难产送命，好在母子平安，一家人欢喜地离开医院，从此过上普通却幸福的生活。时间走到1976年，在唐山这个中型工业城市，一家人虽然只拥有很小的空间，却温馨和睦。姐姐方登明显比弟弟方达要活泼，方大强经常出门在外，好不容易回来一次，姐弟俩都特别高兴。7月的一个傍晚，突然发生地震。为救孩子，方大强死了，方登和方达被同一块楼板压在两边，无论人们想救哪一个，都要放弃另一个。元妮选择了从小体弱多病的弟弟方达，而头脑清醒的方登听到了母亲做出的抉择。震后，元妮独自抚养着儿子，选择坚强地活下去。劫后余生的方登被军人王德清夫妇领养，进入了一个全新的世界。母女、姐弟从此天各一方，直到32年后的汶川大地震，他们的生命轨迹才重新走到一起。

参考文献

［1］叶琳琳.大学生心理健康教育与心理素质训练［M］.北京:北京师范大学出版社,2012.
［2］孟万金.积极心理健康教育［M］.北京:中国轻工业出版社,2008.
［3］吴汉德.大学生心理健康［M］.2版.南京:东南大学出版社,2015.
［4］吴才智,包卫.大学生心理健康［M］.上海:华东师范大学出版社,2009.
［5］《让快乐伴你成长:大学生心理健康教育读本》编写组.让快乐伴你成长:大学生心理健康教育读本［M］.沈阳:辽宁大学出版社,2006.
［6］张大均,吴明霞.大学生心理健康［M］.北京:清华大学出版社,2007.
［7］张海燕.大学生心理健康维护［M］.上海:华东理工大学出版社,2009.
［8］岳晓东.爱情中的心理学［M］.北京:机械工业出版社,2010.
［9］阿克曼.爱的自然史［M］.张敏,译.广州:花城出版社,2008.
［10］荷妮.神经症与人的成长［M］.陈牧,等译.北京:国际文化出版社,2001.
［11］黄希庭.心理学导论［M］.北京:人民教育出版社,2003.
［12］张春兴.现代心理学:现代人研究自身问题的科学［M］.上海:上海人民出版社,1994.
［13］吴维库.情商与影响力［M］.北京:机械工业出版社,2005.
［14］谢炳清,伍自强,秦秀清.大学生心理健康教程［M］.武汉:华中科技大学出版社,2004.
［15］章明明,冯清梅,韩勍,等.大学生心理发展与教育［M］.广州:暨南大学出版社,2004.
［16］刘宣文.学校发展性辅导［M］.北京:人民教育出版社,2004.
［17］俞国良.现代心理健康教育:心理卫生问题对社会的影响及解决对策［M］.北京:人民教育出版社,2007.
［18］徐光兴.创伤危机干预心理案例集［M］.上海:上海教育出版社,2010.
［19］季丹丹,陈晓东.现代大学生心理健康教育［M］.北京:清华大学出版社,2009.
［20］周莉.大学生心理健康教育［M］.北京:中国人民大学出版社,2010.
［21］唐启金.新编大学生心理健康教育［M］.长沙:国防科技大学出版社,2008.
［22］李正云.学校心理咨询［M］.北京:中国轻工业出版社,2002.

[23] 吴薇莉,陈秋燕.心理素质教育与训练:拓展生命的宽度　让你的青春飞扬[M].成都:四川科学技术出版社,2005.
[24] 刘俊彦.大学生职业生涯设计[M].北京:中国言实出版社,2004.
[25] 陈琦,刘儒德.当代教育心理学[M].北京:北京师范大学出版社,1997.
[26] 肖永春,齐亚丽.成功心理素质训练:引领人生路[M].上海:复旦大学出版社,2005.
[27] 宋彩玲,徐传庚.大学生心理健康教育[M].济南:山东大学出版社,2009.
[28] 江燕.大学生失恋问题的现状调查与分析[J].中国电力教育,2012(5):104-105.
[29] 杨昭宁.大学生心理健康教育[M].济南:山东人民出版社,2012.
[30] 郑晓边.心理变态与健康[M].合肥:安徽人民出版社,2002.
[31] 郑雪.人格心理学[M]广州:暨南大学出版社,2007.
[32] 佐斌.大学生心理发展[M].北京:高等教育出版社,2004.
[33] 王秀阁.大学生人际交往理论与方法[M].北京:人民出版社,2010.
[34] 王登峰,张伯源.大学生心理卫生与咨询[M].北京:北京大学出版社,1992.
[35] 林崇德,申继亮.大学生心理健康读本[M].北京:教育科学出版社,2005.
[36] 牧之.心理调节自助读本大全集[M].2版.北京:新世界出版社,2010.
[37] 聂振伟.心灵的距离:人际关系解码[M].北京:高等教育出版社,2008.
[38] 欧巧云.当代大学生生命教育研究[M].北京:知识产权出版社,2009.
[39] 欧阳辉,闫华,林征.大学生心理健康应用教材[M].沈阳:辽宁教育出版社,2010.
[40] 励骅.大学生心理学[M].合肥:合肥工业大学出版社,2011.
[41] 连榕.认知心理学[M].北京:高等教育出版社,2010.
[42] 程利国.发展心理学基本理论研究[M].福州:福建教育出版社,2010.
[43] 戴朝护.大学生心理健康[M].北京:北京大学出版社,2011.
[44] 徐光兴.学生心理辅导咨询案例集[M].长春:吉林出版集团有限责任公司,2012.
[45] 付正大.心理健康教育[M].北京:北京师范大学出版社,2010.
[46] 吉家文,杨剑.大学生心理健康教育[M].杭州:浙江大学出版社,2010.
[47] 龚惠香.大学生心理素质训练[M].杭州:浙江大学出版社,2011.
[48] 赵雪莲.大学生心理健康[M].长春:东北师范大学出版社,2012.
[49] 吕澜.大学心理健康教程[M].北京:中国社会科学出版社,2011.
[50] 叶斌.大学生心理健康教育[M].南昌:江西高校出版社,2008.